KB136897

이대로 주저앉을 수는 없다

호남 서남부 농민군, 최후의 항쟁

이이화 | 평생을 두고 민중의 역사를 복원하기에 정열을 쏟아왔으며 동학농민전쟁 연구에도 몰두해 왔다. 역사문제연구소 소장과 동학농민전쟁백주년기념사업추진위원회 위원장을 맡아 전국의 기념사업을 주도적으로 벌여 왔다. 『동학농민전쟁 인물열전』과 『한국사 이야기』(전 22권), 『만화 한국사 이야기』(전 7권) 등의 저술이 있다. 현재 동학농민혁명기념재단 이사장을 맡고 있으며 서원대 석좌교수로 재직하고 있다. 지금 마지막 연구작업으로 통사인 『동학농민전쟁사』를 쓰기 위해 자료준비를 하고 있다.

배항섭 | 고려대학교 사학과를 졸업하고, 동 대학원에서 박사학위를 받았다. 현재 성균관대학교 동아시아학술원에 연구교수로 재직중이다. 역사문제연구소 동학농민전쟁백주년기념사업추진위원회에서 연구위원으로 활동하였으며, 논저로는 『조선후기 농민운동과 동학농민전쟁의 발발』, 『19세기 조선의 군사제도』 등이 있다. 최근에는 동학농민전쟁과 민중사에 관심을 가지고 연구하고 있다.

왕현종 | 연세대학교 사학과를 졸업하고, 동 대학원에서 박사학위를 받았다. 현재 연세대학교 원주캠퍼스 역사문화학과에 재직중이다. 역사문제연구소 동학농민전쟁백주년기념사업추진위원회, 『동학농민전쟁 사료총서』(30권) 편찬위원을 역임하였으며, 논저로는 『대한제국의 토지조사사업』(공저), 『한국 근대국가의 형성과 갑오개혁』 등이 있다. 최근에는 동학농민전쟁 사료 수집과 일제의 토지조사사업 연구에 매진하고 있다.

이대로 주저앉을 수는 없다
호남 서남부 농민군, 최후의 항쟁

이이화 · 배항섭 · 왕현종

초판 1쇄 발행 · 2006년 8월 31일
발행처 · 도서출판 혜안
발행인 · 오일주
등록번호 · 제22-471호
등록일자 · 1993년 7월 30일
주소 · ⑨ 121-836 서울시 마포구 서교동 326-26번지 102호
전화 · 3141-3711~12 | 팩시밀리 3141-3710
이메일 · hyeanpub@hanmail.net

값 12,000 원
ISBN 89-8494-276-6 03910

이대로 주저앉을 수는 없다

호남 서남부 농민군, 최후의 항쟁

이이화 · 배항섭 · 왕현종

혜안

머리말

1894년 전국에 걸쳐 발발한 동학농민전쟁은 지역에 따라 그 특성을 드러내고 있다. 호남의 아래 지역(오늘날의 전라남도 지역)에서는 대체로 세 갈래의 흐름이 있었다고 볼 수 있다. 이 지역은 바로 일본군과 관군이 농민군을 최후로 바다에 밀어넣으려는 작전에 따라 농민군을 압박한 곳이었다. 따라서 피해도 그만큼 컸다.

첫째 순천 여수 광양 지역을 들 수 있다. 이 지역은 남원에 웅거한 김개남의 영향권 아래 있었다. 그리하여 김개남은 부하인 청년 김인배를 영호대접주(嶺湖大接主)로 삼아 현지에 파견하였다. 김인배는 순천과 광양에 근거지를 두고 하동 진주로 진출하였고 후반기에는 여수 좌수영 탈환전을 치열하게 벌였다.

이름 그대로 영남과 호남의 농민군이 연합하여, 부산을 통해 진출한 일본군과 대구에서 내려온 관군, 현지의 민보군과 섬진강 주변에서 치열한 전투를 벌였다. 이들 잔여 농민군은 김인배가 광양에서 잡혀 죽고 난 뒤 바다 쪽인 장흥지방으로 도주하였다.

다음 장흥 강진 지방의 농민군 활동이 두드러졌다. 공주에서 후퇴한 농민군들은 나주공방전에서도 실패하여 바다의 접경지역인 장흥 강진

쪽으로 흘러갔다. 현지 출신의 지도자인 이방언, 이인환 등의 지도로 장흥부 관아와 강진병영을 점령하였다. 이 과정에서 이규태가 이끈 중앙군과 공주에서 내려온 일본군 연합군에 의해 농민군은 마지막 패전이라 할 석대전투를 치렀다. 농민군은 석대전투에서 엄청난 희생을 치르고 뿔뿔이 흩어졌다. 특히 이방언 등 지도자들이 포로로 잡혀 나주로 끌려갔다.

다음 호남의 서남부 지역의 범위는 나주를 중심으로 하여 함평 무안 해남 진도 등지를 말한다. 물론 해남의 우수영도 포함된다. 이 곳의 농민군은 물론 집강소 기간에도 산발적 전투를 벌였다. 특히 나주목사 민종렬은 나주의 영장과 영병을 데리고 완강하게 저항하였다. 그래서 오권선이 지휘한 나주 농민군은 집강소 활동을 제대로 벌이지 못하였다.

서남부의 농민군들은 고막포전투를 벌이면서 나주 관아를 점령하려 하였으나 뜻을 이루지 못하였다. 나주공방전을 벌일 때, 손화중, 최경선 등은 광주에서, 이화진은 함평에서, 배상옥은 무안에서 농민군을 이끌고 참여하였다. 특히 배상옥은 "전봉준을 능가하는 거괴"라는 별명이 붙을 정도로 이름난 지도자였다.

일본군과 관군이 몰려오자 잔여 농민군은 광주와 나주에서 장흥 강진으로 흘러갔다. 또 함평 무안 해남의 농민군은 이규태가 이끄는 관군과 일본군의 압박으로 섬으로 도망을 쳤으나 철저한 수색을 당하였다.

배상옥은 장흥전투에 참여치 못하고 바다 쪽에서 잡혀 현지에서 처형당하였다. 나머지 많은 지도자들은 처음에는 고막포전투에서 많은 희생을 치렀으며 최후에는 나주 초토영으로 끌려가 서울로 압송되거나 현지에서 처형을 당하기도 하였다. 그리하여 순천 광양이나 장흥 강진과 같은 규모의 큰 전투를 벌이지 않았으나 마지막 도피처를 바닷가나 섬으로 삼아 몸을 숨겼으나 일대 수색전에 큰 희생을 치렀던 것이다.

그 동안 이 지역에 대한 사례연구는 미약하였다. 그 원인은 두 가지로 요약할 수 있을 것이다. 첫째는 이 지역을 연구하는 향토 사학자가 없어서 발굴 연구를 소홀히 한 탓이다. 둘째는 기념사업회 등 유관 단체의 활동이 없어서 이 지역의 사례가 부각되지 않았다.

약 5년 전에 나주 김씨의 후손인 김성황(金晟愰) 씨가 우리 연구자들을 찾아와 조상들의 활동자료를 제시하면서 전문가적 증언채록과 수집 발굴을 부탁해왔다. 그는 후손으로서는 드물게 스스로 조상들의 활동자

8

료를 찾아 제시하면서 자료 발굴에 열성을 보였다. 그리하여 우리 연구자들과 함께 현지답사를 몇 차례 거친 끝에 『무안지방동학농민군접주 김응문 김효문 김자문 김여정 행적자료』라는 작은 자료집이 2001년 이루어졌다. 이 자료집은 한 문중에서 부자가 희생당하고 형제가 희생당한 사례로서 의미 있는 발굴이 되었다.

이번에도 김성황 씨가 이 지역의 발굴 조사가 제대로 이루어지 않고 정리된 보고서가 없는 현실을 안타까워하여 배상옥 등의 활동상과 김씨 일가의 사례를 함께 묶어 한 권의 책으로 발간할 수 있도록 주선하였던 것이다.

그리하여 3년여의 준비를 거친 끝에 이 책자를 간행케 되었다. 하나의 지역 사례연구로 의미를 줄 것이다. 2004년 『대접주 김인배, 동학농민혁명의 선두에 서다』(푸른역사 발행)를 펴낸 적이 있다. 이 책은 위의 책과 함께 좋은 지역적 특수 사례가 될 것이다.

그동안 도움을 주신 분들이 많았다. 그 고마움을 지면을 빌어 표시하면 박경훈(무안 약사사 주지), 고석규(목포대 교수), 표영삼(천도교 상주 전도사), 최영봉(무안군 해제면 석용리), 최환암(무안군 해제면 석용리),

배태우(무안군 청계면 청천리), 배영찬(무안군 청계면 청천리), 배상섭(무안군 청계면 청천리), 박종연(무안군 청계면 사법서사), 이영귀(목포시 대양동), 배석오(무안군 청계면 남성리), 양동주(목포시 대양동), 노금노(동학농민혁명함평기념사업회), 장원석(동학농민혁명유족회), 임헌섭(동학농민혁명유족회), 홍동현(연세대 박사과정) 등의 증언과 안내가 있었다. 이분들의 도움으로 성과를 거둘 수 있었음을 밝혀둔다.

2006년 4월
집필자 일동 씀

목 차

제1부 1차 농민전쟁의 발발

1. 망국가를 부르는 민초들

조선 사회를 지탱하는 근간은 신분제도와 토지제도였다. 그러나 조선 후기에 들어와 이루어진 사회·경제적 변동과 함께 지배질서가 크게 동요하기 시작했다. 전체 인구에서 점하는 노비의 비율이 급격히 줄어든 반면 양반의 비율은 급증하였다. 또 소수의 지주에 의한 토지 집중은 대다수 농민들을 소작인으로 전락시키고 있었으며, 자연재해가 극심하거나 역병이 휩쓸 때에는 전국 방방곡곡은 생존의 위협을 받아 거리로 나선 수많은 유민(流民)들로 득실거렸다. 그러나 당시 양반지배계급은 이러한 변화를 수용하려 하지 않았다. 특히 19세기 들어 온갖 권력을 독점하고 있던 세도가문(勢道家門)은 변화를 거역하는 정치를 일삼고 있었고, 지방 관료들은 한몫을 챙기기에만 여념이 없었다. 수십 년에 걸쳐 세도정권이 이어지는 가운데, 조선왕조는 점차 썩어 문드러져 가기 시작했다.

조선왕조 말기에 나타난 대표적인 말세적 상황으로는 무엇보다 극심한 매관매작과 삼정문란을 빼놓을 수 없다. 돈으로 관직을 산다고 하는 매관매작은 너무도 빈번하였다. 그래서 뇌물로 관직을 산 수령이 임지에

미처 도착하기도 전에 해임되는 사태를 낳을 정도였다고 한다. 더 많은 뇌물로 관직을 산 자가 이미 그 자리를 차지하였기 때문이다. 사정이 이렇다 보니 수령으로 부임한 자들이 임지에 도착해서 가장 먼저 하는 일이란 뇌물로 들어간 본전을 뽑는 일이었다. 더구나 교활한 향리들이 부동하여 이러한 상황을 십분 활용하며 제몫을 챙기려 했다.

당시 횡행한 매관매작의 실태는 다음과 같이 기록되었다. "관직 선택 하는 것이 마치 시장에서 물건 매매하듯 하였다. 큰 벼슬은 큰 값을 받았고 작은 벼슬은 작은 값을 받았"으며, "그에 들어가 값은 필경 어디 서 나오게 되느냐 하면 그 밑에 있는 아전이나 백성에게서 뽑아내는 수밖에 다른 도리가 없었다"고 하였다(오지영, 『동학사』). 이러다 보니 죽어나는 것은 백성이었다.

수령이나 권세 있는 부자들은 기생을 끼고 풍악을 울리며 맘껏 즐겼 겠지만, 살 길이 없는 굶주린 백성들은 거지가 되어 유망길에 올랐다. 당시 굶주린 백성들에 대해 다산 정약용은 다음과 같이 애틋한 심정을 표현하고 있다.

고을 사또 어진 정사 행하고/사재 털어 구제해 준다는 말에/엉금엉금 관아문 걸어 들어가/입 쳐들고 죽가마 앞으로 간다/개돼지도 버리어 마다할 것을/사람으로 엿처럼 달게 먹다니/(중략)

많고 많은 백성들 태어났건만/고생하여 야윈 몸 병까지 들어/메마른 산 송장이 쓰러져 있고/거리마다 만나느니 유랑민들뿐

상농군도 마침내 거지가 되어/서투른 말솜씨로 구걸하는데/가난한 집 들르면 되레 하소연/부잣집 모르는 척 반기지 않네

고관집엔 술 고기 많기도 한데/이름난 기생 맞아 풍악을 울려/태평

세월 만난 듯 한껏 즐기고/대감님네 풍도라 거드름 피워/간민은 거짓말을 서슴지 않고
  두어라 술이나 더 취하게 마셔/펄럭이는 깃발에 봄꿈을 꾸자/저 골짝엔 묻힐 땅 아직 있거니 (정약용, 「飢民詩」)

  이렇게 부패하고 탐학했던 지배층에게 경종을 크게 울린 사건이 있었다. 1811년에 일어나 관서 일대를 휩쓴 홍경래의 난이 그것이다. 이는 세도정치의 부정과 부패를 질타하는 민초들의 엄중한 경고였다. 그러나 사리사욕을 채우기에 급급한 지배층은 아랑곳하지 않았다. 당시 시원임대신(時原任大臣, 전직과 현직 대신)들은 국왕에게 "남의 농작물을 훔치는 도둑에 불과하니 며칠 안으로 소탕될 것이므로 성심(聖心)에 놀라고 동요하실 필요가 없다"고 장담하고 있었다. 물론 이것은 국왕을 진정시키고자 하는 의도가 강하였다.

  홍경래가 이끄는 난군이 삽시간에 평안도 북부 일대를 휩쓸게 되자 조정이나 평안도 지방의 수령들도 적지 않게 당황하였다. 그러나 국왕 순조는 홍경래의 난을 좀도둑들이 일으킨 분란 정도로 받아들여, 1811년 12월 26일 순무영(巡撫營)을 구성하는 과정에서도 "좀도둑 같은 도적이 조그마한 굴 속에서 저절로 일어났는데, 어찌 당당한 훈국(訓局)의 군사에게 갑자기 계행(啓行)하여 정벌하도록 명할 수 있겠는가? (중략) 내일 훈련원·금위영·어영청 3군영의 기마병과 보병 몇 초(哨)를 헤아려서 보내"라고 지시하였다(『순조실록』, 순조 11년 12월 26일). 홍경래의 난을 진압하는 데 당시 가장 정예병이었던 훈련도감의 군사들까지 보낼 필요는 없다고 생각한 것이다. 이러한 지배층에게 민중들이 반란을 일으키고 여기에 가담하게 된 사태의 본질을 알고 있으리라고 기대하기

는 어려웠다.

순조의 뒤를 이은 헌종과 철종 시기에도 안으로 외척들의 세도정치가 이어졌고 밖으로는 이양선의 출몰이 잦아짐에 따라 외적의 침략에 대한 위기의식이 점차 높아졌다. 그러나 이에 대한 대처 방안을 진지하게 모색하거나 백성들을 걱정하는 정책은 언제나 뒷전이었다. 이 시기에도 삼정문란과 매관매작은 더욱 만연해져 갔다.

집권층의 부패와 무능으로 국가기강이 극도로 문란해지면서 자연재해도 덩달아 빈발하기 시작했다. 3, 4년에 한 번꼴로 극심한 가뭄과 흉년이 닥쳤으며, 그 때마다 수십만 명의 기민이 발생하였다. 1821년부터 22년 사이에는 전국에 걸쳐 윤질(輪疾, 콜레라)이 만연하였다. "이야기만 들어도 사람들이 벌벌 떨 정도로" 처참한 아수라장이 연출되었다. 방방곡곡 텅 빈 마을이 허다하였으며, 골짜기마다 시체 썩는 냄새가 진동하였다. 암행시찰을 나선 어사님조차도 울지 않을 수 없는 형편이었다. 요즘도 사용되고 있는 "염병(染病, 장티프스)할 놈", "염병하네"라는 토속어는 예사스런 욕이 아니었다.

굶어서 눈이 뒤집힌 산모가 자식을 삶아 먹었다는 등 '흉흉한 소문'이 나돌았고, 민중들 입에서 "이놈의 세상 언제나 망하나, 난리나 났으면 좋겠다"는 말이 만연했다. 이렇듯 세상에 대해 극단적인 원망이 담긴 망국가가 터져나오곤 했다. 더구나 어떤 농부는 배냇물도 채 안 가신 아이 몫으로 군포를 물린 아전의 횡포에 항의하여 자신의 양물을 자르기도 했다. 자식을 낳아 키우는 것은 물론이고 노부모조차 편히 모실 수 없는 세상은 이미 사람 사는 세상이 아니었다. 단연코 말세(末世)였다.

'죽음보다 못한 삶'을 이어가던 농민들은 더 이상 참을 수 없었다.

피역(避役)저항, 괘서(掛書) 및 산호(山呼)투쟁, 상소(上訴)투쟁은 물론
이고 양반부호 심지어는 지방수령이나 관아를 습격하는 투쟁까지 빈발
하였다. 특히 세도정권의 성립에 따른 지배질서의 왜곡과 사회적 문란상
은 그 동요를 가속화하는 한편, 다양한 형태의 민중저항을 불러일으켰
다. 민란이 빈발하고 한유빈사(寒儒·貧士)들이 주도한 변란이 잦아졌
으며, 굶주림과 수탈을 견디지 못한 농민들은 먹을 것을 찾아 무더기로
유민(流民)이 되었다. 일부 유민들은 명화적(明火賊)을 조직하여 부자들
과 관아를 공격하고, 도시에서도 하층민들에 의한 집단적인 저항이 심심
찮게 일어났다.

1862년에 일어난 임술민란(壬戌民亂)은 이런 과정에서 발생한 대표
적인 농민봉기였다. 이 때에 80여 개 이상의 군현에서 극렬한 농민봉기
가 발생했다. 그럼에도 불구하고, 지배층은 세상을 바꾸려는 노력보다
는 세도정치 등 반동정치를 강화하고 백성들을 수탈하며 자기 배만 살찌
우는데 더 많은 관심을 기울였다. 여기서 1894년 동학농민혁명이 발발
하기 직전, 지배층의 부패와 수탈상이 어느 정도였는지 살펴보자.

불쌍하고 만만한 백성들은 관청이나 서원이나 향교나 양반의 사랑
앞에 잡혀 들어가기 전에 그 하인들 손에 반이나 죽어나는 것이었다.
차사예채(差使例債)를 내놓으라고 방망이로 주먹으로 발길질로 죽여내
는 바람에 촌려(村閭)에는 계견(鷄犬)의 씨가 마를 지경이요, 돈냥이나
살림살이는 있는 대로 다 소탕되고 말았다. 백성들은 촌촌마다 곡성이
요, 사람마다 원성이었다. 관리나 양반이나 부자들이 백성들을 어육(魚
肉)으로 보는데 백성들이 그들을 원수로 보지 않을 수 없었다. 그들은
모두 백성들의 힘으로 살면서도 오히려 백성들을 못살게 구는구나. 말

끝마다 이 나라는 망한다. 꼭 망해야 옳다. 어찌 얼른 망하지 않는가
하며 날마다 망국가를 일삼았다.   (오지영, 『동학사』)

　이렇게 백성들을 견디기 힘든 고통 속으로 몰아넣고 있던 것은 지배
층의 부패와 부정이었다. 이런 세상에 백성들 마음 속에는 이른바 '말세
의식'과 '난리의식'이 자라나고 있었다. 결국에는 나라가 하루라도 빨리
망하기를 바라는 망국가를 부르게 되었던 것이다.
　한편에서는 고통스러운 현실을 떠난 도피적인 생각도 퍼져나갔다.
불국정토의 건설자인 미륵님이 하생했다는 소문, 제세(濟世)의 성인이
신 진인(眞人)이 출현했다는 소문 등이 나돌았다. 새로운 세상, 사람 사
는 세상이 도래하기를 바라는 염원은 급기야 이단(異端)사상으로 변하
여 요원의 들불처럼 퍼져나가기 시작했다. 동학사상이 널리 유포되기
시작한 것도 이 때의 분위기를 탄 것이었다. 동학은 천지개벽(天地開闢)
의 뜻을 담았으며, 세상에서 가장 천대받는 사람이 바로 한울님이라는
생각[人乃天], 기존의 낡은 사회관계와 질서를 새롭게 바꾸어야 한다는
생각[開闢]을 갖고 있었다, 이는 역사의 엄청난 변화를 예고하는 귀하고
도 의로운 생각에 다름 아니었다.
　한편, 1876년 개항 이후 농민들은 또 다른 고통을 겪었다. 일본과의
불평등무역체제가 심화되면서 대다수 농민들의 경제생활은 더욱 곤란
해져만 갔다. 쌀이나 콩 등 대일무역이 증대되자 일부 매판상인이나
지주들이 엄청난 폭리를 취하였으며, 그런 과정에서 새로운 만석꾼들이
수도 없이 등장하였다. 그러나 대부분의 농민들은 쌀 유출에 따른 곡가
의 앙등과 토포(土布)생산의 위축 등으로 오히려 최소한의 생활조차 유

함평 척화비

지하기 어려워졌다. 특히 점차 개항장을 벗어나 내륙 깊숙이까지 활동
범위를 넓혀나간 청나라와 일본 상인의 횡포는 농민들의 원초적 민족감
정을 자극했다.

　물론 이 시기에 민족적 재난의 위기에서 벗어나고자 하는 노력도 있
었다. 당시 양반 지배세력 중에서 재야유생들은 외세를 배격하는 척사위
정(斥邪衛正)운동을 벌였으며, 개화관료들은 개화자강(開化自强)운동
을 전개하기도 했다. 그러나 이러한 운동이 썩어 문드러져 가는 조선사
회를 돌이켜놓을 수는 없었고, 민중들의 생활을 개선시켜줄 수도 없었
다. 오히려 정부에서 추진한 갖은 개화정책들은 민중들에게 세금부담만
가중하고 있었다. 대다수 양반관료들은 여전히 사복을 채우기에 급급하

였고, 매관매직(賣官賣職), 가렴주구(苛斂誅求)도 줄기차게 이어졌다. 이들은 농민들의 분노를 이해하려 하지도 않았고, 해소해줄 수도 없었다. 목마른 자가 샘을 파듯 결국, 농민들이 나설 수밖에 없었다.

2. 호남지역 농민들이 서서히, 그리고 힘차게 나서다

조선후기 민중운동은 민란·변란·명화적의 활동 등 다양한 형태로 줄기차게 전개되었다. "민란이 없는 고을이 없다"는 표현이 나올 정도로 곳곳에서 민초들의 저항이 분출하고 있었다. 당시 지식인들 가운데 일부는 이와 같이 민초들의 저항이 분출하는 것을 보고 민중들의 솟구치는 힘이 뚜렷한 목적의식을 가진 조직이나 이념을 갖춘 집단과 연결될 경우 대규모 '반란'이나 혁명으로 비화될 것을 염려하기도 했다.

이러한 분위기 속에서 1860년에는 최제우에 의해 동학이 창도되었다. 동학은 1864년에 교조 최제우가 교수형에 처해지는 등 조정으로부터 극심한 탄압을 받았고, 이후에도 관이나 양반 지배층으로부터 혹세무민 (惑世誣民)·좌도난정(左道亂正)의 사교(邪敎)로 지목되어 커다란 어려움을 겪었으나, 도통(道通)을 이은 최시형(崔時亨)이 경상도 지역을 중심으로 하여 활발한 포교활동을 펼쳐나갔다.

제2대 교주 최시형이 1871년에 일어난 이필제(李弼濟)의 난에 연루되어 경상도 지역의 동학교도 대다수가 체포되어 교세가 일시에 위축되는 위기를 겪기도 하였지만, 관의 눈을 피해 강원도와 경상도의 산간지역을 중심으로 하여 은밀히 포교활동을 전개하여 교세를 확장해 나갔다. 그 결과 동학은 1883년 공주 목천군 김은경(金殷卿)의 집에 동경대전 간행소를 세우고 경전을 간행하기도 했으며, 1886년에는 충청 지역뿐만 아니라 경상도와 전라도, 경기도에로까지 포교가 확대되어 교도들이 몰려들었다. 특히 전라도에서는 1888년에 최시형이 직접 전주와 삼례 지역을 순회한 다음부터 교도들이 몰려들기 시작하였고, 1890년대에 들어 교세는 더욱 급격히 성장하였다. 이와 같이 동학의 교세가 급격히 확산되자 한편에서는 이를 이용하려는 변혁지향세력이 본격적으로 등장하기 시작하였다.

그런데 무안, 영광, 함평, 장흥, 강진 등 호남 서남부지역에는 호남의 다른 지역에 비해 비교적 일찍부터 동학이 전파되고 포교도 활발하였던 것으로 보인다. 이 지역에 최초로 동학이 전파된 시기를 알려주는 기록은 현재 확인되지 않고 있지만 상대적으로 동학 세력이 컸던 전북 지역의 무장지방과 거의 비슷한 시기에 포교되었을 것으로 추정된다.

전라도 지역에 동학이 처음으로 포교되는 시점은 동학 창도 초기에 교조(敎祖) 최제우(崔濟愚)가 관의 탄압을 피해 전라도 남원 지역으로 피난을 한 무렵이었다. 1861년 11월의 다음 기사로 추측해 볼 수 있다.

> 갑자기 길을 떠날 계획이 있었는데, 그 새로 들어온 도인(道人)을 생각하면 가히 어리석고 이룸이 작은 자라 스스로 탄식하여 마지않았다. 전라도로 떠나갈새 지나는 길에 성주에 들러 충무공의 사당에 배알하고 처음에 남원에 도착하여 서공서(徐公瑞)의 집에 유숙한 지 10여 일인데 그 때 함께 간 사람은 최중의(崔仲義)였다. (『道源記書』, 『동학사상자료집(1)』)

동학창도 1년 후인 1861년 11월에 최제우가 직접 남원지역으로 온

적이 있었는데, 이 때 이미 남원의 서공서라는 인물이 동학에 입도해 있었음을 보여주는 자료다. 이로 미루어 최제우가 전라도에 오기 전부터 동학은 이미 전파되어 있었던 것으로 생각된다. 당시 남원에 온 최제우의 행적이나 서공서라는 인물에 대해서는 더 이상 알 수 없다. 그렇지만 전라도 지역에 동학 교세가 확산되는 데는 1861년 최제우의 직접 방문이 중요한 계기가 되었을 것으로 생각된다.

매천(梅泉) 황현(黃玹)도 이미 최제우 생존시에 동학이 호남지역까지 전파되었음을 확인해 준다.

철종 말기에 이르러 안동 김씨들은 더욱 그 학정을 더해 갔으므로 백성들이 모두 이를 원망하였다. 이 때 경주(慶州)에 사는 최제우라는 사람이 스스로 "하느님이 재난을 내린다"고 하면서 문서를 만들고 유언비어를 퍼뜨리며 부적과 주문을 횡행케 하였다. 그 학문 역시 '천주(天主)'를 받드는 것인데도 서학과 구별하고자 '동학(東學)'이라고 고쳐 불렀다. 그는 지례(知禮), 금산(金山)과 호남의 진산(珍山), 금산(錦山)의 산골짜기를 오가면서 양민을 속여 하늘에 제사를 지내고 계(戒)를 받게 하고는 "장차 이씨는 망하고 정씨가 일어나는데 앞으로 큰 난이 일어나 동학을 믿는 사람이 아니면 살아남을 수 없다. 우리들은 다만 가만히 앉아서 천주를 암송하면서 참된 주인을 보좌하면 장차 태평한 복을 누릴 것이다"라고 선언하였다.

그가 일어난 것이 경신년과 신유년(1860~1861) 사이였는데, 얼마 후에 잡혀 죽었으므로 그 무리들 또한 한꺼번에 조용해졌다. 그러나 제우가 죽은 뒤에도 어리석은 백성들은 점점 미친 듯이 빠져 들어가 그의 행적을 신기하게 꾸미고자 "칼날을 벗어났다", 혹은 "날아서 하늘로 올라갔다"느니 또는 "자취를 감춰 죽지 않고 현재 사람으로 살아

있다"느니 하였다. 이리하여 그 무리들이 숨어 있었을 뿐이지 그 종교가
끝내 없어지지 않은 채 서학과 다르다는 것을 애써 주장하였다. 즉 서학
은 사람이 죽으면 땅에 묻지 않고 제사도 지내지 않으나, 동학은 땅에
묻고 제사를 지낸다 하였고, 서학은 재물과 여색을 탐하나 동학은 재물
과 여색을 탐하지 않는다고 하였다. 이리하여 그 무리들은 이것을 믿고
마치 참다운 도학인 듯 여겼지만 실상은 상스럽고 얄팍한 천주학의
부스러기를 주워 모은 것에 불과하였다. (『梧下記聞』首筆)

여기서 동학은 이미 포교 초기부터 경상도 지역뿐만 아니라 진산,
금산 등 전라도 지역에까지 전파가 되었으며, 황현과 같은 보수유생들에
게는 동학이 천주학 혹은 정감록과 비슷한 것으로 인식되고 있었음을
알 수 있다.

1880년대에 들어 동학은 드디어 충청·호남 등 평야지역으로까지 본
격적으로 교세를 확장해 나갔다.『천도교회사초고』를 통해 1880년 이후
호남 지역의 포교 상황을 살펴보면 1883년 3월에 손병희, 손천민, 박인
호, 황하일, 서인주, 안경선, 여규덕, 김은경, 유경순,이성모, 이일원, 여
규신, 김영식, 김상호, 안익명, 윤상오 등이 최시형을 배알하였고, 1884
년 6월에는 최시형이 관의 지목을 피해 익산군(益山郡) 사자암(獅子庵)
에 은거하자 박치경(朴致京)의 주선으로 4개월 동안 이 지역의 교도들이
그를 모시기도 했다.

또한 1884년에는 나주 사람 강대열(姜大說)이 동학에 입도(入道)하였
고(이돈화,「천도교창건록」), 1886년 4월 무렵에도 최시형이 병에 걸렸
다가 나았다는 소식을 듣고 찾아오는 자가 많았다. 1887년에는 전주
사람 이병춘(李炳春)이 입도하였고(이돈화,「천도교창건록」), 1888년 1

월에는 최시형이 전주에서 기도식을 행하고 교도 십여 명과 함께 삼례에 있는 교도 이몽로(李夢老)의 집에 가서 밥을 먹기도 했다. 1891년 6월 최시형은 훗날 농민군 지도자가 되는 지금실의 김개남 집에 가서 김덕명과 김개남으로부터 여름 옷 5습(五襲)씩을 받기도 했다.

이와 같이 전라도 지역에서도 교세가 점차 확장되기 시작하였는데, 1890년대에 들어서자 교도들이 급격히 증가하면서 교도들 간에 불화가 일기도 했으며, 정작 교리에 대해서는 이해가 없는 교도들이 양산되기도 했다. 예컨대 1891년 3월에는 전라도 교도 가운데 전라우도 두령인 윤상오(尹相五)와 전라좌도 두령인 남계천이 서로 화해하지 못하고 갈등을 일으키고 있었다. 이 때 최시형이 남계천을 전라좌우도 편의장(便義長)을 임명하자 이들과 이들을 둘러싼 교도들 간에 불화가 날로 심해졌다. 이에 따라 부안의 교도 김낙삼이 호남좌우도 16포 도인(道人) 백여 명과 함께 최시형을 찾아와 "호남좌우도 편의장을 남계천으로 정하시니 그에게 결코 따르지 못하겠다"고 반발하기도 했다.

또한 1891년 10월에 최시형은 전라도 지역에서 교도들이 날로 입도하고 있지만, "도를 아는 사람이 드물다"고 개탄하며, 남계천, 허내원(許乃元), 서영도(徐永道), 장경운(張敬雲) 등에게 "너희들은 실심수도(實心修道)하여 천부(天賦)의 성(性)을 통(通)케 하라"고 한 일이 있다. 교도들 간에 일어난 이러한 갈등과 대립, 교리이해가 부족한 교도들의 양산은 교도들이 그 만큼 급증하고 있었음을 보여준다.

이 시기 전라도 지역 동학교도 가운데 대표적인 인물로는 1883년 3월에 최시형을 배알한 부안의 윤상오를 비롯하여 익산의 박치경, 나주의 강대설, 전주의 이병춘 등이 있었다. 훗날 동학농민혁명을 지도하는 거두들인 김개남, 손화중, 김덕명 등도 늦어도 1891년에는 이미 전라도 지역에서 대표적인 동학교도로 거론되고 있었다. 이에 따라 1891년이면 호남지역에는 포(包) 조직이 최소한 16개에 이를 만큼 동학교세가 만만치 않았으며, 최시형의 행적을 통해 볼 때 포교의 중심지역은 부안, 고부, 태인 등 동학농민혁명 발발 당시 초기부터 농민군의 참여가 가장 적극적이었던 지역이었다.

호남 서남부 지역에 동학이 본격적으로 포교된 시점은 대체로 1890년대 이후였다. 그것은 다음과 같은 기록을 통해 확인할 수 있다.

○ 1891년 : 본군(本郡) 이인환(李仁煥), 이방언(李芳彦), 문남택(文南澤) 제씨가 교문(敎門)에 입(入)하다. 이 때에 장흥, 보성, 강진, 완도(莞島) 각 군에 포덕(布德)이 크게 떨쳐져 신도가 수만에 달하다. (「천도교장흥군종리원」, 『천도교회월보』 163, 1924년 4월호, 47쪽)

○ 1892년 : 강진군 대구면(大口面) 수동리(水洞里)의 윤세현(尹世顯)이 포덕 34년 임진 1월 17일에 입도하였다. (「故節庵 尹世顯氏를 追悼함」, 『天道敎會月報』 267, 1933년 7월호)

1880년대만 하여도 주로 전라도 북부지역에서 이루어지던 동학 포교 활동이 1891년부터는 장흥을 비롯하여 장흥, 보성, 완도 등 전라 남부지역과 도서지방으로까지 전파되었음을 알 수 있다. 장흥이나 강진의 경우에는 이미 1880년대부터 포교가 시작되고 1890년대에는 활발한 포교활동이 이루어지고 있던 전주, 익산, 부안, 임실 등지의 교인들로부터 동학을 전교받았을 것으로 보인다.

한편 1884년에 강대열이 입도한 나주나 손화중의 근거지인 무장에 인접한 영광, 그와 이웃한 무안이나 함평의 경우 이보다 일찍부터 포교 활동이 이루어졌을 수도 있으나, 늦어도 1892년 11월의 삼례집회와 1893년 2월의 광화문 복합상소, 보은과 전라도 원평(院坪)에서의 척왜 양운동(斥倭洋運動)이 전개되는 시기에는 집중적인 입도가 이루어졌을 것으로 보인다. 그것은 1893년 2월 광화문 복합상소 때 교도 대표로 무안의 배규찬(裵奎贊)이 참가하였고, 보은집회 때도 영암, 무안, 순천 등에서 수백 명이 참가한 사실에서 확인된다. 또한 영광에서도 보은집회 에 수백 명이 참가하고 있는 것으로 미루어 볼 때 늦어도 1893년 초반 무렵에는 전남 서남부 지역에도 동학의 교세가 크게 확산되고 있었음을 알 수 있다.

실제로 무안, 해남, 진도 등에서 1890년대 초반에 입도한 교도 가운데 현재 확인되는 인물들은 다음과 같다. 무안의 김의환(金義煥)은 1892년 7월 17일에, 이병경(李秉炯)은 1892년 11월 7일에, 청계면 남성리 조병 연(趙炳淵), 청계면 남안리 이병대(李炳戴), 청계면 도림리 고군제(高君 濟), 석고면 당호리 한용준(韓用準), 남리의 함기연(咸奇淵)도 1892년에 입도하였다. 그리고 청계면 상마리 송두욱(宋斗旭)과 송두옥(宋斗玉), 장산면 각두리(桷頭里) 장도혁(張道爀), 청계면 청계리 한택률(韓澤律), 청계면 하마리 송군병(宋君秉)과 박인화(朴仁和), 외읍면 교촌리의 정인 섭(鄭仁燮)은 1893년에 입도한 것으로 되어 있다.

장흥 지방에서도 동학농민혁명 당시의 주요 지도자 가운데 하나였던 이방언이 이 시기에 입도하였으며, 강진 지역에서는 윤세현과 김광태, 보성 지방에서는 염현두 등이 입도하였다. 해남의 경우 김병태(金炳泰)

가 1892년 11월 10일에, 김의태(金義泰)가 1893년에, 해남면 해리의 홍순(洪淳)은 1893년 4월 5일에, 화원면 인지리 김순근(金順根)은 1893년 9월 18일에, 옥천면 용산리의 김원태(金源泰)는 1892년에 입도하였다. 또한 김도일(金道一), 김춘두(金春斗), 김춘인(金春仁), 나치운(羅致雲) 등은 이들보다 앞서 입도했을 것으로 보인다.

1890년대 초반에는 진도에도 동학이 포교되었다. 진도에 동학이 최초로 전해진 때는 1892년 1월이었다.『천도교회월보』의 「진도종리원연혁」에 의하면 의신면(義新面) 만길(滿吉)에 사는 나봉익(羅奉益)과 양순달(梁順達)이 나주에서 온 나주접사 나치현(羅致炫)으로부터 도를 받은 것이 시초가 되었다. 그 뒤로 많은 사람이 입도하게 되었으며, 1894년에는 조도면 남동리 김광윤(金光允)을 비롯하여 많은 사람들이 계속하여 집단적으로 입도하였다 한다.

3. 교조신원운동과 더불어 변혁세력의 활동이 더 커지다

1880년대 중반 이후 교세가 급격히 확장되면서 동학교단 내부에는 몇 가지 중요한 변화가 나타났다. 우선 관의 탄압이 점차 심해져서 교도 가운데는 패가탕산(敗家蕩産)하거나 체포·구금되는 자들이 속출하였고 제2세 교조 최시형을 체포하려는 관의 추적도 심해졌다. 둘째, 교도들의 급격한 증가는 교도들에 대한 교단의 일원적 장악을 어렵게 만들었다. 교세가 확산되는 1884년부터 교단에서는 육임제(六任制)를 실시하여 조직의 정비를 꾀하였으나, 교도가 급증하는 1890년대에 들어서면 획일적인 통제가 불가능한 지경에 이르렀다. 교도들끼리 서로 분쟁하는 일이 잦아졌으며, 도통의 종맥(宗脈)이 문란해져만 갔다.

그런데 교단 내에서는 도보다 '세상이 바뀌기를 바라는' 변혁지향적인 성향을 가지고 입도한 자들이 적지 않았다. 1892년 8월 손화중의 포가 관련된 고창 선운사 비결사건은 변혁지향의 교도들이 대거 입도한 사실을 말해준다. 선운사 용문암(龍門菴)의 석불에는 비결책이 들어 있으며, "비결이 세상에 나오는 날은 그 나라가 망할 것이오 망한 후에 다시 흥한다"는 소문이 있었다. 이 때 손화중의 포에서 이 비결을 탈취하였고, 이후 동학교도가 급증하였다 한다. 오지영은 비결사건을 계기로 "세상이 바뀔 것을 바라는" 민중들이 큰 가뭄 끝에 단비를 만난 듯이 동학에 입도하였다고 하였다.

새로운 세상이 도래한다고 예언하는 비결이 동학교도들의 수중에 들어갔다는 사실은 동학이 새로운 세상을 여는 일종의 메시아로 이해되기 시작했음을 의미한다. 이 시기에 이단(異端)사상이 만연하였던 점과도 관련이 있다. 이 무렵에는 민간에 정감록(鄭鑑錄)이 유행하였다. 그 글 속에는 이조 500년 후에 공주 계룡산에 도읍이 들어선다고 하였고, 진인(眞人)이 해도(海島)에서 나온다는 내용이 들어 있었다.

대구에서 교수형에 처해진 교조 최제우에 대해서도 "칼날을 벗어났다"거나, "날아서 하늘로 올라갔다", "둔갑(遁甲)으로 모습을 감춰 죽지 않고 현재 세상에 살아 있다"는 말로 사람들을 끌어들였다고 하였다. 당시 동학교도들이 이러한 분위기에 편승하여 "장차 이씨는 망하고 정씨가 일어나는데 앞으로 큰 난이 일어나 동학을 믿는 사람이 아니면 살아남을 수 없다"는 말로 양민을 속였다고 하며, 또 "동학이 하늘을 대신하여 세상을 다스리고 보국안민한다"는 말을 퍼뜨리며 민중들을 끌어들였다고 하였다.

세상이 바뀌기를 바라는 교도들의 입도는 주로 무장·고창·영광·홍덕·고부·부안·정읍·태인·전주·금구 등에서 집중적으로 일어났다. 가혹한 탄압에도 불구하고 이들이 동학에 입도한 것은 우선 동학을 통해 자신들이 꿈꾸는 이상사회를 건설할 수 있다는 믿음 때문이었다.

이처럼 당시 입도한 교도들 가운데는 세상이 바뀌기를 바라는 변혁지향적인 인물들이 적지 않았다. 물론 동학을 단순히 병을 고치거나 불로장생하는 비결로, 피화(避禍)의 수단 혹은 이산이해(移山移海)하는 술수로, 혹은 배고픔을 면하기 위한 방편으로 여기는 자들도 있었지만, 중요한 부류는 동학이 신분적 차별을 두지 않고, 빈부간에 서로 도와준다[有無相資]는 사회적 평등주의와 경제적 균산주의(均産主義)에 공감하는 자들이었다. 이 무렵에 입도한 백범 김구도 황해도에서 동학을 전파하고 있던 오응선(吳膺善)을 찾아가 "상놈 된 원한이 골수에 사무친 나에게 동학에 입도만 하면 차별대우를 철폐한다는 말이나, 이조의 운수가 다하여 장래 신국가를 건설한다는 말을" 듣고 입도하였다(『백범일지』).

전봉준이 동학에 입도한 것도 이 무렵이었다. 전봉준은 동학에 대해 수심(守心)하여 충효로써 본을 삼아 보국안민하자는 것으로, '수심경천(守心敬天)'이라는 교의(敎義)를 매우 좋아했다고 하였다. 물론 전봉준은 동학에 입도할 무렵부터 이미 탐관오리를 축출하고 보국안민의 대업을 이루려는 구상을 가지고 있었다. 동학에 입도한 가장 중요한 요인역시 동학이 국지성과 고립성이라는 근본적인 한계를 안고 있던 민란을 뛰어넘을 수 있는 조직적 기반을 갖추고 있었고, 거기에는 마음을 바로 한 자들, 곧 보국안민 사상을 가지고 자신과 함께할 동지와 대중이 있었기 때문이다.

이는 동학교세의 확장과 더불어 동학을 이용하여 보국안민의 뜻을 펴려던 변혁지향 인물들과 지배층의 수탈에 시달리며 세상이 바뀌기를 바라던 민중들이 동학조직을 매개로 하여 결합하기 시작했음을 말한다. 변혁지향 세력은 동학의 조직을 매개로 세상이 바뀌기를 바라는 교도들의 지향을 결집하고 사회적 평등주의와 경제적 균산주의에 입각한 이상사회의 실현이라는 변혁논리를 모색해 나갔다. 변혁지향 세력은 1890년대 초반 들어 동학을 포착함으로써 민중운동의 새로운 국면을 열어가고 있었으며, 교조신원운동은 이런 분위기 속에서 전개되었다.

동학의 교세가 확장되면서 동학교도에 대한 가혹한 탄압은 날로 심해졌다. 이에 따라 교조(敎祖)의 신원(伸寃)과 포교의 자유에 대한 교도들의 요구도 고조되어 갔다.

1892년에 들어와서는 최시형의 측근 가운데 서인주 등 교단 내의 변혁지향적인 인물들이 수차례에 걸쳐 교조신원운동을 주장하였다. 여기에 대해 최시형은 끝내 허락하지 않았으나 교단 내의 일부 변혁지향적인 인물들은 독자적으로 신원운동을 준비해 나갔으며, 마침내 1892년 10월 17일경 서인주와 서병학을 중심으로 하여 공주에서 집회를 개최하였다. 이 때 모인 동학도들은 충청감사 조병식에게 「각도 동학유생들이 의논하여 보내는 글(各道東學儒生議送單子)」을 제출하였다. 이들은 기본적으로 동학이 유교와 다르지 않음을 강조하며 교조의 신원과 포교의 자유를 요구하는 종교적 측면에 초점을 두었으나, 일본 상인의 미곡유출에 따른 폐해도 구체적으로 언급하였다.

이어 같은 해 11월 3일에는 동학교단에서 통문을 전파하여 교도들을
삼례로 집결시켰다. 삼례에는 수천 명의 동학교도들이 모였으며, 이들
은 전라감영에 두 차례에 걸쳐 건의문을 올렸다. 내용은 충청감사에게
올린 글과 대동소이하였다. 전라감사는 동학교도에 대한 탄압을 금지시
키겠다고 약속하고 교도들을 해산시켰다.

삼례집회에서 주목되는 사실은 이 때부터 전봉준이 교단 내에서 부각
되었다는 점이다. 삼례집회에서 소장(訴狀)을 작성한 것은 서병학(徐丙
鶴)이었고 '괴수(魁首)'는 서인주(徐仁周, 서장옥)였다(『남원군동학사
』). 일단 서병학에 의해 소장이 작성되기는 했으나, 탄압이 두려워 소장
을 고정(告呈)할 마땅한 사람이 없었다. 이 때 자원해서 나선 인물이
바로 우도의 전봉준과 좌도의 유태홍(柳泰洪)이었다. 1892년 동학에 입
도한 전봉준은 이전까지만 하여도 동학교단 내에서 두드러진 위치나
비중을 갖지는 못하였다. 그러나 삼례집회에서 전라감사에게 소장을
제출하는 대표를 자임함으로써 그의 존재가 크게 부각되었다.

또한 삼례집회 직후 전봉준은 김개남·손화중·김덕명 등과 함께 전
라도 일대의 교도들을 이끌고 교단의 지시와는 달리 독자적인 활동을
벌였다. 이들은 무장군수가 동학교도들로부터 빼앗은 돈 1,000냥을 돌
려받기 위해 수백 명을 이끌고 무장으로 향하였다. 이들이 금구 원평에
도착했을 때 무장의 좌수와 이방이 와서 돈 1,000냥을 되돌려주었으므
로 비로소 해산하였다. 삼례집회 시기부터 훗날 농민혁명의 최고 지도자
로 부상하는 전봉준·김개남·손화중·김덕명 등이 하나의 세력을 형
성하고, 또 탐학에 반대하는 운동을 함께 전개하였음을 구체적으로 보여
주는 예라 하겠다. 이는 동학농민혁명의 발발경위를 이해하는 데도 중요

한 의미를 가진다.

한편 동학 탄압에 따른 폐해를 중단시키겠다던 전라감영의 약속은 제대로 이행되지 않았다. 교도들에 대한 침탈은 오히려 이전보다 더욱 심해졌다. 이인기(李仁基), 노병무(盧炳武), 임병구(林炳九) 등은 삼도어사(三道御使)라고 하거나, 혹은 안렴(按廉)을 사칭(詐稱)하여 교도들을 침탈하기도 하였고, 서학(西學) 무리들이 동학교도들을 해치고자 한다는 소문이 돌기도 하였다.

이렇게 되자 교도들 가운데서는 이제 본격적으로 서울 궁궐 앞에 나아가서 상소를 해야 한다는 여론이 일었다. 이미 삼례취회 무렵부터 복합상소 문제가 제기되었으나, 최시형은 여기에 대해 부정적이었다. 즉 복합상소를 주장하며 해산하지 않던 교도들에게 자기 직업에 성실하며 제때에 납세하라 하여 일단 충청, 전라 감사에게 교조 최제우의 신원을 호소하는 수준에서 머무르고자 했다. 그러나 그는 전보다 심해진 탄압과 거듭되는 교도들의 요구를 계속 무시할 수는 없었다. 이에 따라 최시형은 드디어 12월 6일 복합상소 문제를 논의하기 위해 보은에 도소(都所)를 차리고, 1893년 1월에는 복합상소를 결정하였다.

이어 강시원(姜時元)·손병희(孫秉熙)·손천민(孫天民)·김연국(金演局)·박인호(朴寅浩) 등이 1893년 2월 8일 시행된 세자 탄생 축하 20주년 기념 과거시험을 치르러 가는 유생으로 가장하고 상경하였다. 상경한 교도 대표들은 서울 남부(南部) 남소동(南小洞) 최창한(崔昌漢)의 집에 상소문을 작성하기 위한 도소를 정하고 상소에 따른 절차를 협의하였다. 이어 2월 10일에 치성식(致誠式)을 행한 다음 날인 2월 11일 박승호(朴承浩)를 상소의 대표로 한 교도대표 40명이 광화문으로 나가 상소문

을 올렸다. 상소문에는 "경천수심 보국안민(敬天正心 保國安民)"이라는
8자가 대서특필되어 있었다.

교도들은 2월 11일부터 13일까지 밤낮으로 광화문 앞에서 상소문을
올렸다. 그러나 조정에서는 처음에는 격식이 맞지 않는다는 이유로 받아
들이지 않았다. 그러다가 13일 사알(司謁)을 통해 구전으로 "귀가하여
안업(安業)하면 소원을 들어줄 것이다"는 국왕의 교지가 하달되었다.
이에 따라 최시형은 해산을 지시하였고, 2월 24일과 25일에 걸쳐 대부분
의 교도들이 해산하여 하향하였다. 이 때 이루어진 광화문 복합상소는
그것이 비록 종교운동의 외형을 띤 것이긴 하지만 중앙권력을 직접적인
상대로 하는 움직임이었다는 점에서 중요한 의미를 가진다. 수령을 상대
로 읍 단위에서 고립적·국지적으로 이루어지던 민란과는 차원을 달리
하였기 때문이다.

한편 교단 내에서 변혁지향 세력의 활동은 복합상소 무렵부터 한층
활발하고 조직적으로 전개되었다. 그것은 복합상소 무렵부터 경향 각지
에서 일어난 대대적인 척왜양운동을 통해 확인할 수 있다. 1893년 1월
10일 전봉준은 직접 「창의문(倡義文)」을 작성하여 전라도 각지로 돌렸
다. 이 창의문은 전라도 일대 각 군의 관아에 나붙었고, 남원·운봉·곡
성·구례 등지에서 같은 시각에 방문이 붙었다. 「창의문」의 구체적인
내용은 확인할 수 없으나, '창의'라는 데서 알 수 있듯이 단순히 '교조신
원'을 요구하는 내용은 아니라 척왜양(斥倭洋)을 목적으로 하였던 것으
로 보인다. 이 창의문에 대해 남원·운봉·곡성·구례 등 각지에서 호응
을 보냈다. 당시 전봉준은 이미 전라도 각지의 인물들과 일정하게 조직
적 결합을 확보하고 있었음을 알 수 있다.

이어 한 달 정도 뒤인 2월 10일경 전라도 교도들로 추정되는 수천 명의 교도들은 삼례에서 두 번째 집회를 열었다. 2월 8일 교단 대표들이 복합상소를 위해 상경한 직후였다. 이들은 전주감사에게 "장차 수십만 이 창의(倡義)하여 서울로 가서 왜양을 제거하고 병자년의 치욕을 씻겠 다" 라는 글을 보내는 한편, 전라 각 읍의 관아에 척왜양 창의문을 붙였 는데, 거기에는 "신하가 차마 들을 수 없고 차마 말할 수 없는" 표현도 들어 있었다고 한다. 제2차 삼례집회는 1892년 11월의 제1차 삼례집회 직후 전라도 일대의 교도들을 이끌고 무장군수 등을 상대로 반탐학운동 을 벌이고 전라도 일원에 「창의문」을 게시한 전봉준, 김개남, 손화중, 김덕명 등이 주도한 것으로 보인다. 당시 삼례에 모인 동학교도들이 전라감사에게 보낸 글의 내용은 아래와 같다.

무릇 사람 노릇하기에는 어려움이 세 가지 있다. 절개를 세우고 충성 을 다하여 나라를 위하여 죽는 것은 신하 노릇하기의 어려움이다. 힘을 다하여 정성스러이 효도하고 부모를 섬기다가 죽는 것은 자식 노릇하기 의 어려움이다. 정조를 굳게 지키다가 지아비를 따라 죽는 것은 지어미 노릇하기의 어려움이다. 생(生)이 있으면 사(死)가 있는 것이 사람에게 정해진 이치고 유사(有事)하고 무사(無事)함은 운명이 정해 놓은 바다. 무사하고 안락한 때에 태어나 충효의 도리를 즐기는 것과 일이 있어 어려운 때에 태어나 충효에 죽는 것은 신하 노릇하고 자식 노릇하기의 어렵고도 쉬움이고 쉽고도 어려움이다. (중략) 금일 왜적(倭賊)과 양적 (洋賊)이 나라 한가운데로 들어와 혼란이 극심하다. 실로 오늘날 나라의 수도를 보건대 마침내 오랑캐들의 소굴이 되었다. 가만히 생각건대 임 진년(壬辰年)의 원수와 병자년(丙子年)의 치욕을 어찌 차마 말할 수 있으며, 어찌 차마 잊을 수 있겠는가? 지금 우리 동방 삼천리 선조들이 물려준 땅이 모두 금수들의 발자국으로 가득하다. 오백 년 종사(宗社)가 장차 망하게 되었으니, 인의예지(仁義禮智)와 효제충신(孝悌忠信)을 지금 어디에서 찾아볼 수 있는가? 하물며 저 왜적은 오히려 회한(悔恨)의 마음을 가지고 화근을 품고서 그 독기를 마음대로 뿌리고 있어서 위태로움이 조석에 달렸다. (중략) 우리 수만 명은 힘을 합쳐 죽기를 맹세하고 왜적과 양적을 물리쳐 대보지의(大報之義)를 본받고자 한다. 엎드려 원하건대 각하도 뜻을 같이하고 협력하여 충의(忠義)로운 선비들을 선발하여 함께 보국(輔國)하기를 간절히 바란다.

이 글은 당시 보은집회가 열리는 3월 11일 보은 관아 문 밖에 걸린 괘서와 완전히 같은 내용이다. 또한 이 글에서는, 이전의 충청감사와 전라감사에게 보낸 글이나 복합상소문과 비교해 볼 때 교조의 신원이나 교도에 대한 탄압금지 등의 요구가 완전히 사라졌다. 그리고 발신자의 명의에서도 처음으로 '동학창의회소(東學倡義會所)'라는 용어가 등장하면서 거의 전적으로 척왜양을 통한 보국이 강조되고 왜이와 양이에 대한 직접적인 공격 의지가 강력하게 천명되었다. 이러한 변화는 동학교도 내부에 중요한 변화가 일어났음을 의미한다. 또 동일한 내용의 격문이 보은집회에서도 게시되었다는 점은 이 때부터 특정한 목적의식을 가진 세력에 의해 척왜양운동이 추진되었음을 보여준다.

척왜양운동은 전라도 삼례에서만 일어난 것이 아니었다. 복합상소를 전후한 시기 서울의 외국공관 등에도 척왜양 방문이 붙었다. 우선 2월 14일 밤 서울 기포드(Gifford) 학당의 문에 서교를 배척하는 방문이 붙었다. 이어 2월 18일에는 미국인 존스(H. J. Jones)의 집 교회당에 서교를 비판하는 방문이 붙었다. 내용은, 역시 유학에 비추어 볼 때 기독교가 패륜적이라는 점을 통박하였으며, 3월 7일까지 조선을 떠나지 않을 경우 공격할 것임을 명시하고 있다. 그리고 보은집회가 열리기 10여 일 전인 3월 2일 오후 2시경에는 일본공사관 벽에도 척왜척양(斥倭斥洋)을 주장하는 괘서가 붙었다. 일본공사관에 게시된 방문(榜文)은 서양인들에게 통고한 것과 달리 임진왜란 때의 참혹함을 상기시키며 즉시 일본으로 돌아갈 것을 촉구하는 내용이 들어 있었다.

한편 2월 20일을 전후하여 프랑스공관에도 서교(西敎)를 배척하는 방문이 게시되었다고 하며, 복합상소 직전인 2월 7일에는 동학교도들이 서학을 배척하는 격문을 서양 영사관 앞으로 보냈다는 기록이 있다. 또 『도쿄아사히신문(東京朝日新聞)』에는 척왜양 방문이 학교나 선교사의 집, 외국 공관 이외에 동대문과 남대문 등의 중요한 지점에도 붙었다고 하였다.

척왜양 방문은 이후 보은집회 이전까지 지방 곳곳에도 나붙었다. 앞서 언급한 바 제2차 삼례집회 무렵 전라도 용담관아에 붙은 방문, 3월 6일 밤 부산성문에 나붙은 통문 등이 그것이다. 그 내용은 전라감영에 보낸 글이나 용담관아에 붙은 것과 동일하다.

경향 각지에서 전개된 척왜양운동은 단순히 방문을 붙이는 데서 끝난 것이 아니었다. 즉 척왜양을 명분으로 해서 정부를 전복하려는 병란과 밀접한 관련을 가지고 진행되었다. 당시 상경한 교단 대표들이 남소동 최창한의 집에 봉소도소를 정하고 절차를 논의하던 중 동학교단의 대표들이 상경한 2월 8일보다 7일 앞선 2월 1일에 상경한 서병학이 "의(意)를 변(變)하여 대병과 협동하여 정부를 오타(鏖打)"하자고 주장하였다(『천도교회사초고』). 이에 대해 손병희 · 김연국 · 손천민 등이 반대하였으나 서병학은 듣지 않았다. 최시형도 1898년 5월에 체포된 뒤 복합상소 당시의 정황에 대해 "그들의 청원에 대한 (국왕의 : 필자) 답변을 얻지 못하자, 그 중 한 사람이 '우리들이 군인으로 변장하고 먼저 민영준(閔泳駿)의 집을 공격하자'라고 제안하였다. 그러나 그 제안은 받아들여지지 않았고 모였던 대중은 모두 해산하여 귀가하였다"라고 하였다.

「복합상소」에 즈음하여 동학교단에서는 그 준비를 위해 서병학을 일주일 정도 미리 올려보냈다. 그러나 서병학은 「복합상소」 준비가 아니라 정부에 대해 불평을 가지고 있던 병대와 협력하여 정부 간당을 소탕하고 조정을 개혁하려는 거사계획을 누군가와 사전에 꾸미고 교조신원운동을 위해 상경한 동학교도들을 끌어들이고자 하였음을 알 수 있다. 실제로 전라도 삼례와 충청도 일대에서는 서울에서 밀의한 병란 기도와 관련된 것으로 보이는 동학교도들의 움직임이 있었다. 이는 이미 이전부터 독자적인 행동을 모색해 오던 교단 내의 변혁지향 세력이 병란을 기도하고자 하였음을 보여준다.

또 하나 특기할 만한 사실은 이 무렵 척왜양 방문운동을 주도한 동학교도들 혹은 그들과 연계된 집단이나 개인에 의해서도 왜양을 물리치는 데 동참할 것을 촉구하는 내용의 방문과 4개 항목의 행동강령이 서울 거리에 게시되었다는 점이다. 그 내용 가운데는 "금수 같은 왜양이 우리나라를 짓밟고 있는데 어찌 병이(秉彝)의 도리를 말할 수 있겠는가. 임진년의 원한을 다시 겪지 않으려는 충의지사(忠義之士)가 있으면 함께 나아가자"는 것이었다. 이 글 말미에는 4개 조의 행동강령도 부기되어 있었으나, 이러한 병란 기도는 실제로 일어나지는 않았다.

새로 소집된 2개의 집회

복합상소 이후에도 각지에서 해산하지 않은 교도들의 움직임이 이어졌고, 여기에 더하여 교단 측의 기대와는 달리 관리들의 침탈은 오히려 배가되었다. 이에 따라 최시형은 관리들의 침탈로 목숨조차 연명하기 어려워진 교도들을 구하고 최제우의 신원을 얻기 위해 새로이 대규모 집회의 개최를 결정하게 된다. 그것이 바로 '보은취회'와 '금구취회'였다.

1893년 3월 10일 아침 보은관아에 하나의 방문이 내걸렸다. 그 내용은 왜양, 특히 왜적의 침입에 대해 임진왜란 당시의 원수를 상기하면서 자신들의 본의는 왜양의 소파에 있으며, 선무사(宣撫使) 어윤중(魚允中)에게도 충의의 사리(士吏)들을 모아 동참할 것을 촉구하는 것이었다. 이 글은 1893년 2월 10일경에 개최된 두 번째 삼례집회 당시 동학교도들이 전라감사에게 보낸 글과 동일한 것이었다.

3월 18일경 보은에 모인 동학교도들은 낮에는 석루(石壘)을 쌓거나 마을 뒤편 개천가에 진지를 만들고 밤에는 장내리와 부근 마을 200여 호의 민가로 가서 잤다. 날마다 모여드는 교도들이 끊이지 않았다. 이들은 매일 오전 10시경 사방 1백여 보(步)에 높이가 반장(半丈) 정도며 사방으로 문이 나 있는 석루에서 군사훈련을 하였다. 오후 4시경에는 마을 주민들의 집으로 돌아가 함께 모여 앉아 경전을 읽었다.

보은집회에 모인 교도들의 수는 적어도 2만여 명에 이르렀으며, 이에 따라 몰려든 교도들에게 쌀을 파는 상인들이 연로에 이어졌다. 황현은 보은집회에 모인 교도들이 "모두 소와 땅을 팔아 식량과 표주박 발랑(鉢囊) 등을 싸서 짊어지고" 갔다고 하였고, 부여 유생 이복영은 부여 근처의 교도들이 모두 전토(田土)를 팔아 양식을 준비하여 갔으며, 처자와 서로 울면서 이별하였다고 하였다.

이들은 커다란 척왜양기(斥倭洋旗)와 각 방위를 나타내는 오색기를 세웠다. 특히 충의(忠義), 선의(善義), 상공(尙功), 청의(淸義), 수의(水義), 광의(廣義), 홍의(洪義), 청의(靑義), 광의(光義), 경의(慶義), 함의(咸義), 죽의(竹義), 진의(振義), 옥의(沃義), 무경(茂慶), 용의(龍義), 양의(楊義), 황풍(黃豊), 금의(金義), 충암(忠岩), 강경(江慶) 등 각 지역별 접을 대표하는 작은 깃발을 함께 세웠다. 이는 보은집회에 모인 교도들의 조직이 지역단위로 되어 있었음을 의미한다. 이것은 동학교단 조직이 민란의 한계인 지역적 국지성을 뛰어넘을 수 있는 조건을 훌륭하게 갖추고 있었음을 보여주는 것이었다.

보은에 모인 교도들은 집회 개시 직후 장내리 인근 각 마을로 "놀라지 말 것이며", "안심하고 농사를 지어라"는 내용의 통문을 보내 주민들을 위무하였다. 보은군의 공형(公兄)들에게도 "동학 유생들이 척왜양 창의를 위하여 귀군 장내리에 회소(會所)를 정하였으니 수령에게 보고하라"는 글을 보냈다. 이어 내부적으로도 질서를 유지하고 뜻을 모으기 위한 「통유문(通諭文)」을 붙였다. 그 앞 부분 내용은 다음과 같다.

동학인령(東學人令) (1893년 癸巳 3월 16일)

이번에 척왜양을 하는 의리는 충의(忠義)가 있는 사민(士民)이라면 누군들 감히 옳지 않다고 말하겠는가? 비록 그러나 충(忠)과 의(義)에는 같음이 있지만, 도(道)와 속(俗)은 크게 다른 바가 있으니 혼란스럽게 뒤섞여 자리를 같이할 수 없다. 각기 자리를 나누어 앉아 충분히 상의하되 그 이외의 우매 몰지각하여 다만 호미질과 쟁기질을 일삼던 자들은 부지런히 농삿일을 하는 것이 옳을 것이다. 오로지 탐내고 서두르기만 할 뿐이니 대업(大業)을 포기한 것인가? 이와 같이 영칙(令飭)한 뒤에도 따르지 않으면 마땅히 군율(軍律)로써 시행할 것이다. 게시한 방문을 명찰(明察)하여 마땅히 범하지 말 것. (「聚語」)

뒷부분의 내용은 「보은관아통고」와 유사하나 "왜양을 소파(掃破)하여 종사를 지킴으로써 국가에 크게 충성하고 큰 공을 세우자", 또 "하늘님이 진실로 더러운 요기를 싫어하여 무극(無極)의 조화를 주었으니 지사(志士) 남아로서 절의를 세울 때며", "때가 왔다(時乎時乎)" 등의 내용이 더 들어 있다. 전열을 가다듬으면서 집회에 참여한 동학교도와 일반 민인들을 선동하는 내용이 강조되고 있음을 알 수 있다. 또 도인과 속인의 자리를 구분하고 있어 보은집회에는 동학교도 이외의 일반인도 많이 참가하였음을 알 수 있다.

또한 교도들 가운데 사족 출신이자 두령으로 보이는 몇 사람은 해산을 종용하는 어윤중에게 다음과 같은 주장을 제기하였다.

① 외이(外夷)들이 서울에 (우리나라 사람들과 : 필자) 섞여 살며 우리의 이원(利源)을 다 소모하는데 이것은 다른 나라에서는 없는 일이다. 원컨대 온 나라의 의려(義旅)와 함께 물리치자.

② 탐묵의 자행은 외교(개항 : 필자) 이래로 더욱 거리낌이 없어 사악한 무리들이 제각기 앞다투어 박할(剝割)을 일삼는다. 비록 제재(制裁)를 가하라는 (국왕의 : 필자) 명(命)이 있었으나 아무런 효력이 없으니 우리들이 조정에 고하여 탐관오리를 축출(逐出)하려고 한다.

③ 이 집회에서는 촌척(寸尺)의 병기도 휴대하지 않았으니 이것은 곧 민회(民會)다. 듣기에 각 국에도 역시 민회가 있어서 조정의 정령(政

令) 가운데 민국(民國)에 불편한 것이 있으면 회의하여 강정(講定)한
다고 한다. 이와 비슷한 일인데 어찌하여 비류(匪類)라고 지목하는가?
④ 충청감사와 영장(營將) 윤영기(尹泳璣)가 결탁하고 서로 호응하여
무고한 백성들을 함부로 죽이고 인민들의 재산을 함부로 빼앗은 일이
매우 많은데 이것이 이번 취회(聚會)를 양성(釀成)한 원인이다. 또
해산하라고 하였지만 이미 모두 토지와 재산을 팔고 죽을 것을 각오하
고 왔는데 어디로 돌아가란 말인가. 또 영읍(營邑)의 향호(鄕豪)들이
기꺼이 들어와 살게 하겠는가. 여기서 모두 살든가 모두 죽든가 하겠다.
(「취어(聚語)」)

①항은 수도에서 외국상인들이 자유로이 상행위를 하는 사례[漢城開
棧]가 다른 나라에는 없는 일임을 논박하는 것이고, ②항은 자신들이
직접 국왕을 만나 탐관오리의 정치를 건의하려는 계획이 있었음을 보여
준다. ③항은 자신들의 행위와 서구의 의회제도를 비교한 것으로 국제관
계나 서구의 정치제도에 대한 일정한 이해를 보여주고, ④항은 관리들의
침학에 대한 반대와 집회에서 해산한 이후의 신변 보장을 요구한 것이
다.

한편 최시형은 1898년 3월에 체포된 뒤 보은집회 당시의 정황에 대해
다음과 같이 진술하였다.

나중에 정부에서 우리를 체포하기 위하여 군대를 보내려고 한다는
소문을 듣자, 교도들 가운데 몇 명 — 열 명 정도가 채 안 되는 — 이 척왜
(斥倭)의 깃발을 세워야 하고, 보은에 모여 반란을 시작하고 한강을
따라 서울까지 가야 된다고 제의하였다. 그러나 그 제의는 반대에 부딪
혔고 우리가 취할 여러 가지 행동방안에 대해 논의하는 동안 선유사

어윤중이 와서 해산하도록 우리를 설득하였다. 그의 두 번째 효유에
우리는 해산하였다. (Confession of a Tong Hak Chief, "The Korean
Repository", vol. 5)

이것은 보은집회 당시 교단 내부에서는 척왜양을 내걸고 '반란'을
일으키자는 쪽과 그에 반대하는 쪽 간에 의견대립이 있었음을 말한다.
집회를 주도한 변혁지향 세력의 진정한 목적은 척왜양이 아니라 탐관오
리의 축출, 나아가 민씨 정권의 축출과 정부개혁에 있었다. 또 집회에
참가한 일반 교도들의 일차적 목적 역시 척왜양이 아니라 관리들의 침학
등 자신들의 일상 생활을 억압하는 현실적 모순에 대한 반대에 있었다.
여기에 대해 어윤중은 "동학 무리는 이미 팔로(八路)에 만연하여 거의
수만이 넘는다. 겉으로는 양이(洋夷)에 가탁(假託)하고 안으로는 사란
(思亂)을 품고 있다"라고 하였다. 어윤중은 집회에 몰려오는 자들의 성
분을 다음과 같이 분류하였다.

① 재기가 조금 있으나 뜻을 얻지 못한 자
② 탐학이 횡행하는 것을 분하게 여겨 백성, 인민을 위해 목숨을 바쳐
   그것을 제어하려는 자
③ 외이(外夷)가 우리의 이원(利源)을 빼앗는 것을 통분으로 여겨 망령되
   게 큰소리 치는 자
④ 탐관오리의 침학을 받으면서도 호소할 길이 없는 자
⑤ 경향에서 토호(土豪)의 무단(武斷)에 위협받아 스스로 보전할 길이
   없는 자
⑥ 경외(京外)에서 죄를 짓고 살기 위해 도망한 자
⑦ 영읍(營邑)의 속리(屬吏)로서 의지할 곳 없이 떠돌아다니는 자

⑧ 농사를 지어도 남는 곡식이 없는 자와 상업을 하여도 이익을 남기지
못하는 자

⑨ 우매한 자로 풍문으로 듣고 들어와 낙지(樂地)로 삼는 자

⑩ 부채에 시달려 견디지 못하는 자

⑪ 상천(常賤)으로서 신분을 벗어나기를 원하는 자

이러한 분석을 근거로 어윤중은 동학교도들이 전면에 내건 척왜양은
명분에 불과하고 실제적인 목적은 탐관오리와 부패한 민씨 척족을 축출
하여 정부를 개혁하려는 데 있었다고 파악한 것이다. 어윤중은 보은집회
당시 선무사로 내려와 동학교도들과 수차례씩 만나 직접 대화한 사실이
있다. 따라서 그는 교도들의 요구와 주장, 집회의 분위기 등을 누구보다
정확하게 파악할 수 있는 인물이었다.

물론 집회에 참석한 교도들과 일반 민인들은 왜양이 나라의 심복에까
지 들어와 준동하고 있다는 사실에 대해 정서적으로는 매우 분개하고
있었다. 일각에서는 "우리의 이원을 빼앗아 가는 외이를 온 나라의 의려
와 함께 협력하여 물리치자"는 주장을 제기하기도 하였다. 그러나 민중
들의 생존을 위협할 만한 구체적인 침략행위가 가시화된 상황은 아니었
다. 따라서 척왜양의 구호는 십중팔구 반역자로 몰리고 목숨까지 걸어야
하는 전국 차원의 의병항쟁 대열에 뛰어들게 할 만큼 아직 설득력 있는
구호는 아니었다. 이러한 상황에서 척왜양을 내걸고 기도한 병란은 실패
로 끝났다. 결국 전봉준 등 지도부는 전국적 항쟁을 위한 새로운 방략을
모색하게 된다. 1893년 말에 나온 「사발통문 거사계획」과 고부민란은
바로 그러한 모색의 결과였다.

4. 호남 서남부 지역 민중의 동향

전라남도 서남부 지역의 동학 지도자 가운데 교조신원운동의 전개 과정에서 그 이름이 나타나는 것은 복합상소 때의 배규찬이 처음이다.

1893년 2월 11일 단행된 복합상소를 위해 교단에서는 박승호를 소두(疏頭)로 한 40명의 대표를 파견하였다. 상소문은 손천민이 제술하고, 서사(書寫)는 남홍원이, 봉소(奉疏)는 손병희·박인호·김연국·박석규·임국호·김낙봉·권병덕·박덕칠·김석도·이근상 등이 맡았다. 또한 전라도 교도 대표로는 김석윤(金錫允)·김낙봉(金洛鳳)·남계천(南啓天)·장경하(張敬夏)·조동현(趙東賢)·손화중(孫華中)·배규찬(裵奎贊) 등이 참여하였다. 이 가운데 배규찬은 무안사람으로 대접주인 배규인(배상옥)의 동생이다. 복합상소 때는 교단 대표뿐만 아니라 수많은 교도들이 함께 상경하였고, 앞서 언급하였듯이 이는 조정의 간당을 소탕하고 세상을 개혁하려는 변혁지향세력의 반란기도와도 밀접하게 관련되어 있었다. 무안의 배규찬이 복합상소의 대표로 가담하였다는 점으로 미루어 호남 서남부 지역의 동학교도 가운데서도 복합상소 당시 상경한 자들이 적지 않았을 것으로 보인다.

1893년 2월의 두 번째 삼례집회는 서인주·전봉준·손화중·김개남·유태홍 등 전라도 교도들이 주도하였다. 이 때에도 호남 서남부 지역의 교도들이 많이 참여하였을 것으로 생각되나 확인할 길이 없다. 이에 비해 1893년 3월에 열린 보은집회에 호남 서남부지역 동학교도들이 다수 참여하였다는 사실은 여러 기록을 통해 확인된다. 우선 황현은 보은집회 당시 호남지역 교도들이 많이 참여한 사실을 다음과 같이 전하고 있다.

(호남의) 간민사란자(奸民思亂者)들이 이를 빌미로 선동하자 동학당에 귀의(歸依)하는 자들이 마치 시장에 몰려가는 듯하였다. 그리하여 우도로부터 좌도의 산골짜기까지 동학도가 없는 고을이 없었는데 그 수가 수십만이나 되었다. (이들은) "무장의 산골 절벽 속에서 용당선사의 참결(讖訣)을 얻어 난을 일으킬 수 있게 되었으니 때를 놓쳐서는 안 된다"는 유언비어를 개별적으로 전파하여 계사년 2월 호서의 보은현에 모두 모이게 하였다. (「梧下記聞」 首筆)

「취어」 등에 나타난 보은집회에 참가한 도별 군현 수는 다음과 같다.

도	참가 군현	계
강원도	원주	1
경기도	광주·송파·수원·안산·안성·양주·여주·용인·이천·죽산	10
경상도	금산·상주(공성)·선산·성주·안동·인동·지례·진주·하동	9
전라도	나주·남원·무산·무안·순창·순천·영광·영암·장수·전주·태인·함평·장흥·익산·여산·진도·임실·부안·고흥·강진·광양	21
충청도	공주·덕산·목천·비인·연산·영동·옥천·직산·진잠·진천·천안·청산·청안·청주·충주·태안	16
계		57

위의 <표>에서 알 수 있듯이 호남 서남부 지역에서는 무안·영광·영암·함평 외에도 장흥·진도·고흥·강진·광양 등지의 교도들이 보은집회에 참가하였음이 확인된다.

보은집회에 참가한 호남 지역의 대표적 인물은 고산(高山) 대접주(大接主)로 참가한 여산의 박치경(朴致京)을 비롯하여, 남계천이 전주 대접주로, 김덕명이 금구 대접주로, 손화중이 정읍 대접주로, 김낙철이 부안 대접주로, 김기범(김개남)이 태인 대접주로, 김낙삼이 시산(詩山) 대접 주로, 김석윤이 부풍(扶風) 대접주로, 김방서(金邦瑞)가 봉성(鳳城) 대접 주로, 장경화가 옥구 대접주로, 서영도가 완산 대접주로 참여하였다.

한편 무안·영광·함평·나주·영암·장흥·진도·해남·순천 등 지의 교도들이 집단적으로 보은집회에 참여한 구체적 사실은 다음과 같다. 3월 27일 영암 등지에서 100여 명이 도착하였고, 3월 30일경이 되면 일부 귀가하는 교도가 있었지만, 일부는 오히려 몰려오고 있었다. 이 때 몰려든 교도들은 장수·영광·무안·순천·인동·지례 등 전라 도와 경상도 교도들로, 비교적 보은에서 멀리 떨어진 지역의 교도들이었 다. 이들은 이서(吏胥)들로부터 해산하라는 말을 들었으나, 수백 리를 달려 왔으므로 국왕의 비답(批答)을 다시 받기 전에는 갈 수 없다며 장내 리로 몰려들었다(「취어(聚語)」).

또한 관원들의 보고에 따르면 4월 2일에 함평·남원·순창·무장· 태인·영광 등지에서 온 200여 명이 해산하여 돌아갔다고 기록되어 있 다. 이어 4월 3일에 보은 장내리를 떠나간 동학도 가운데는 영암접 40여 명, 무안접 80여 명이 포함되어 있다고 하였으며, 이 날 아침부터 저녁까 지 민당(民黨) 가운데 돌아간 전라도 교도들이 모두 5천 6백여 명이라고 하였다. 이 가운데는 당연히 무안, 해남, 영광, 진도 등 전라 서남부 지역 의 동학도들도 적지 않았을 것이다. 「진도종리원연혁」에 따르면 진도에 서는 나봉익, 양순달, 이문규(李文奎), 허영재(許暎才)가 참가하였고, 「천도교 장흥군 종리원사」에서도 보은 장내리 집회에 장흥지역 교도 수십 명이 참여하였다고 기록하였다.

한편 호남 서남부 지역에 동학이 본격적으로 전파되고 동학교도들의 복합상소와 보은·금구 집회 등으로 교세가 확산되자 위기의식을 느낀 유생들과 관에서는 이에 대한 대응방안을 마련하기 시작했다. 이는 당시 강진에 거주하던 유생 박기현(朴冀鉉)의 일기를 통해 엿볼 수 있다.

○1893년 1월 14일

마점(馬店) 주인에게 인사하고 길을 떠나 양사재(養士齋)에서 오남장(五南丈, 金漢爕)에게 인사를 올리고 예를 갖추어 대화를 나누는 중에 세상에서 이르는 바 동학에 대해 말이 미쳐 통탄해 마지아니하였다. 떠나올 무렵에 나에게 독서에 힘쓸 것을 당부하여 말씀하시기를 "세상이 이미 이렇게 되었으니 더욱 부지런히 경전을 읽지 않으면 아니 될 것이다."라고 하셨다. 나와 (박)계명은 각기 집으로 돌아왔다.

그의 일기에 의하면, 1893년 1월에 이미 동학에 대한 소문이 강진에까지 미치고 있었으며, 이에 대해 유생들은 적지 않은 걱정을 하고 있었음을 알 수 있다. 1893년 1월은 동학교도들이 공주와 삼례에서 신원운동을 시작한 지 2~3개월이 지난 시점이며, 동학교단 측이 복합상소 문제를 논의하기 위해 봉소도소(奉疏都所)를 청주군 송산리 손천민(孫天民)의 집으로 정한 후 복합상소를 결정한 시기였다. 1893년 7, 8월간에 기록된 일기 내용 가운데 향약계를 조직한 일도 그 배경을 자세히 알 수는 없지만, 동학의 확산과 신원운동 등으로 어수선하던 당시의 정세, 그리고 강진 지역 교도들의 움직임과 무관하지는 않을 것이다.

위의 일기에 나오는 "세상에서 이르는 바 동학에 대한 말"은 이러한 일련의 교조신원운동을 뜻하는 듯하다. 또 남원, 운봉, 곡성, 구례 등

이웃 고을에 전봉준이 보낸 창의문이 강진에도 나붙었을 가능성을 배제할 수 없다. 강진이나 호남 서남부 지역에 나붙지 않았다 하더라도 그러한 소문은 이 지역에도 곧바로 전해졌을 것이다. 또 박기현이 당시 강진 향교의 장의(掌議)로 있던 김한섭을 찾아가 세상에 떠도는 동학에 대한 소문과 걱정을 나눈 사실은 이 지역 유생들이 늦어도 1893년 초부터는 동학교도들의 신원운동에 대해 일종의 위기감을 느끼고 있었음을 보여준다.

5. '농민혁명 봉기계획' · '고부민란'에 이어 혁명의 불길을 지르다

1893년 3월에 개최된 보은·금구집회가 끝나고 7~8개월 후인 11월경 전봉준은 "조정의 간당을 소탕하고 정부를 개혁"한다는 목표를 실현하기 위해 새로운 계획을 구상하고 추진했던 것으로 보인다. 그것은 바로 민란의 확산을 통한 전라도 전 지역의 봉기, 나아가 전국적인 농민봉기의 구상 및 추진이었다. 그것을 잘 보여주는 것이 '농민혁명 봉기계획'과 고부민란이다. 먼저 '농민혁명 봉기계획'을 알려주는 문서의 내용은 다음과 같다.

이 결의사항을 볼 때 '농민혁명 봉기계획'은 조병갑에 대한 불만이 팽배해 있던 고부에서 민란을 일으킨 다음 인근 읍의 '난민'을 규합하여 전주영을 함락하고, 여기서 전라도 일대의 변혁세력을 규합하여 서울로 직향하여 탐관오리를 축출한다는 구상이었던 것으로 보인다.

이 '농민혁명 봉기계획'에서는 몇 가지 점에서 특기할 만한 변화가 나타난다. 우선 보은·금구 집회에서 전면적으로 제기되었던 척왜양

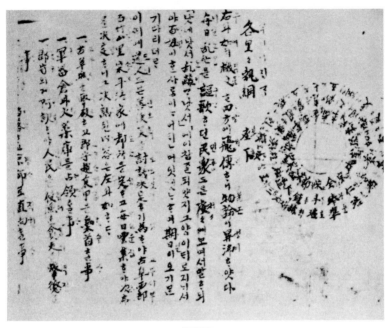

사발통문

―. 古阜城을 擊破ㅎ고 郡守 趙秉甲을 梟首홀 事

―. 軍器倉과 火藥庫를 占領할 事

―. 郡守의게 阿諛ㅎ야 人民을 侵漁흔 貪吏를 擊懲홀 事

―. 全州營을 陷落ㅎ고 京師로 直向홀 事

구호가 사라지고 '반봉건'적 성격의 구호가 전면에 등장한다는 점이다.

두 번째로는 동학교단의 움직임에 편승하여 목적을 달성하려던 모습이 사라지고 고부라는 특정 고을을 기반으로 교단 지도부와는 전혀 관계없이 운동을 추진하려 한 점이다.

'보국안민'을 실현하기 위한 계획의 추진 구상도 교조신원운동 단계에서는 곧장 서울로 가서 정부 간당을 소탕하고 정부를 개혁하는 것이었다. 그러나 '농민혁명 봉기계획' 단계에서는 먼저 고부성을 점령하고 이어 전주성을 함락시킨 다음 서울로 쳐들어가는 경로로 바뀐다. 이 점은 변혁세력의 의식과 조직 면에서 중대한 변화가 일어난 것을 의미한다. 이는 무엇보다 보은·금구 집회를 겪은 이후 전라도 일대의 교도들 간에 지역적 연계가 이루어지기 시작하면서 이 지역의 변혁지향 세력에게 독자적으로 활동할 수 있는 조직적 기반이 마련되어 가고 있었기 때문이다.

보은집회 이후 대부분의 교도들은 해산하여 귀가하였으나 동학교도에 대해 또 동학금단을 빙자하여 민간에 대해서까지 더욱 극심해진 관리와 양반 사족들의 횡포와 침탈은 교도들 사이에 극단적인 위기감을 조성하였고, 다른 한편 교도들의 급증 현상을 초래하였다. 남녀노소와 귀천을 불문하고 입도하려는 사람들이 무더기로 몰려왔다. "집 밖에서 차일(遮日)을 치고 30명씩 입도하는 예식을 행하는" 이른바 마당포교가 이루어졌다. 극심한 탄압에도 불구하고 입도하는 사람이 격증한 것은 교도가 아닌 사람들까지 침탈하여 재산을 빼앗아 가는 관리들의 행태에서 연유한 바도 있지만, 다른 한편으로는 공주·삼례 집회와 복합상소, 보은·금구 집회 등을 통해 동학조직의 단결력을 보고 동학조직에 기대어 관리들의 탄압에서 벗어나고자 하였고, 망국가(亡國歌)가 성행하는 절망적 상황에서 동학을 통해 새로운 세상의 도래를 기대하였기 때문이다.

한편으로는 관리들의 침탈이 더욱 심해지고 또 다른 한편으로는 교도들의 숫자가 급격히 늘어나면서 교도들 사이에는 집단적 자구책이 본격적으로 마련되어 갔다. 이에 대해 오지영은 다음과 같이 기록하고 있다.

> 각지(各地) 도인(道人)이 해산(解散) 이후에 각지 관리들의 동학당 체포침학(逮捕侵虐)이 전일과 조금도 다름없어 안거(安居)의 망(望)이 없는지라 도인들은 할수없이 관속(官屬)과 대항책을 강구할밖에는 다른 도리가 없음을 알고 각포각접(各包各接)이 서로 단결(團結)을 지어 어느 지방에서 일이 생기든 하면 그 즉시(卽時)로 보발을 띄워 그 부근 그 부근으로부터 솔밭을 흔들고 일어서서 잡혀가는 사람을 빼앗아 놓기로 하였다. (『동학사』)

관리들이 교도들을 체포해 가면 각 포·접이 서로 연락하여 잡힌 사람을 빼앗아오는 일이 많아진 것은 그러한 자구책의 표현이었다. 이와 짝하여 변혁지향 교도들의 변혁에 대한 열망은 더욱 강렬해졌다. "그때쯤은 도인이 모여 앉으면 도담(道談)보다도 난리 이야기가 많았다"는 데서 그러한 분위기를 엿볼 수 있다. "도담보다도 난리를 이야기하는" 변혁지향 교도들은 고부 일대를 중심으로 지역간의 연계를 획득해 나갔다. 이들은 점차 단결을 통해 '힘으로 대항'한다는 항쟁의 싹을 키워나가고 있었던 것이다.

이러한 움직임은 다른 지역보다 전라도에서, 전라도 가운데서도 손화중 포에서 가장 먼저 시작되었다. 그것은 앞서 언급한 무장 선운사의 비결사건 이후 변혁지향 사람들이 손화중 포로 대거 몰려들었기 때문이다. 지역간에 연계가 이루어진 무장·고창·영광·장성·홍덕·고부·부안·정읍 등지는 호남에서도 관리들의 침학이 극심한 곳이었고, 균전사(均田使) 김창석(金昌錫)에 의해 가장 큰 피해를 본 지역이었다. 또 무장기포를 전후한 전쟁 초기단계에 농민군이 가장 집중적으로 동원 된 곳도 바로 이들 지역이었다.

또 하나 주목되는 점은 고부·태인·정읍 등지는 농민군 지도자인 전봉준·김개남·손화중의 거주지였다는 사실이다. 이들은 늦어도 1893년 12월 이후부터는 무장군수를 상대로 반탐학운동을 함께 벌일 정도로 밀접한 교류가 있었다. 또 전봉준은 1893년 봄 경성에서 하향한 이후 18명의 동지들과 결의형제를 맺었다는 기록도 있다(청암, 「갑오년 이약 이」, 『천도교회월보』 259). 이러한 점을 고려할 때 이 일대의 포접 조직간에 연계가 이루어진 데는 이들 간의 교류와 의식적 노력이 작용했 을 것으로 보인다. 이러한 변화는 교조신원운동과 척왜양운동 단계에서 는 교단 지도부를 추동하고 거기에 편승하여 보국안민의 뜻을 펴려던 변혁지향 세력에게 독자적으로 활동할 수 있는 조직적 기반이 마련되어 가는 과정이었다

한편 '농민혁명 봉기계획'과 고부민란에서 나타나는 또 하나의 변화 는 앞서 보았듯이 척왜양 구호가 사라지고 '반봉건적'구호가 전면에 등 장한다는 점이다. 보은·금구 집회에서 '척왜양창의(斥倭洋倡義)'가 전 면에 제기된 것도 집회 대중들의 의식수준을 고려하여 민란의 범위를 벗어나는 항쟁에 정당성을 부여하려 한 변혁지향 세력의 노력과 관련이 있었다. 그러나 '농민혁명 봉기계획'과 고부민란 단계에 와서 중앙권력 을 투쟁대상으로 삼는 전국 차원의 항쟁을 기도하면서도 '척왜양' 구호 를 탈각시킬 수 있었던 배경은 우선 앞서 언급한 바와 같이 독자적인

조직적 기반이 마련되었다는 데서 찾을 수 있을 것이다. 또 하나의 요인은 교조신원운동과 척왜양운동을 거치는 동안 거기에 참여했던 교도들의 의식이 일정하게 성장하였다는 점과도 관련이 있는 것으로 보인다.

교조신원운동은 집회에 참가한 대중들에게 중요한 경험을 제공하였다. 공주·삼례 집회에서는 각지에서 모여든 교도들이 직접 감사와 담판을 벌였으며, 복합상소에서는 국왕을 상대로 하여 협상을 벌인 바 있다. 보은·금구 집회는 복합상소 시기에 교도들에게 제시했던 국왕의 약속이 지켜지지 않자 척왜양 구호를 전면에 내걸고 일으킨 전대미문의 '대규모시위'였다. 이 모든 것은 일반적인 민란과는 격을 달리하는 일대 사건이었다. 교조신원운동과 척왜양운동은 각지에서 모인 민중들의 경험이 집단적으로 교류되는 중요한 계기가 되었고, 바뀌어 가는 세상을 체험하는 자리였다.

이 과정에서 스스로를 변혁주체로 자각하고 새로운 세상을 만들어 가려는 변혁지향 세력의 의식이 세상이 바뀌기를 바라면서도 아직까지 변혁주체로서의 자각을 결여하고 있던 교도들에게 전파되어 갔을 것으로 보인다. 이러한 집회들은 이전까지 왕화(王化)의 대상, 목민(牧民)의 대상이라는 의식, 혹은 민란에서 보이듯 왕법(王法)을 어기는 지방관에 반발하는 정도의 의식수준에 머물러 있던 민중들 스스로가 자신들의 힘으로 나라 안팎의 적을 제거하여 종사를 지키고 성도(聖道)를 밝히는 주체임을 자각해 나가는 과정이었다. 따라서 고부 일대에서 '도보다 난리'를 이야기하며 지역적 연계를 이루어 가던 교도들은 이미 '세상이 바뀌기를' 단순히 염원하는 정도가 아니라 교조신원운동과 척왜양운동을 통해 스스로를 변혁주체로서 자각해 나가고 있던 '민중'들이었다.

이렇게 농민들과 함께 생활하며 '제세안민(濟世安民)'의 뜻을 다져나가는 한편 보은·금구 집회 이후 전라도 일대의 지도자급 인물들, 즉 동학의 변혁지향 접주들 간에 교류해 나가던 전봉준 등이 척왜양운동 단계와는 조직과 구호 면에서 양상을 전혀 달리하는 '농민혁명 봉기계획'을 구상하였다. 그러한 계획을 실현하기 위한 첫 단계가 바로 고부민란이었다.

고부민란은 익산군수로 전임된 조병갑이 1894년 1월 9일 고부군수로 잉임(仍任)한 직후인 1월 10일에 일어났다. 먼저 조병갑의 탐학이 극심해짐에 따라 '더 이상 견딜 수 없'게 된 고부민이 전주감영에까지 정소를 하였으나 조병갑의 탐학을 불식할 가능성이 전혀 없다는 사실만 확인하였다. 이에 따라 고부민들 사이에 자연적으로 민란 발발 직전의 상황으로까지 치닫게 되었다. 이 때 민란을 일으키기 위해 모여든 고부민들이 전봉준을 지도자로 추대하였다. 이미 '농민혁명 봉기계획'을 세워두고 인근 읍의 지도자들과의 연계 등 그 실현에 필요한 준비를 해나가던 전봉준은 아직 인근 읍의 지도자들과 합의를 보지 못한 등 준비가 미흡하였지만, 그러한 분위기를 이용하여 '농민혁명 봉기계획'에서 구상한 바의 거사를 시작하기로 결심하였다.

처음부터 고부민란의 양상은 여느 민란과는 다른 점이 많았다. 우선 죽창 등으로 무장을 하고 동헌을 습격하였다는 기록도 그러한 분위기를 대변한다. 또 사발통문의 서명자 명단에 태인의 최경선, 정읍의 손여옥 등 전봉준과 가깝게 지내던 인근 읍의 동학 접주들이 가담하였다. 또한 관아를 점령하여 탐묵한 이서배를 징치하였으며, 창고를 헐어 곡식을 나누어갖는 등 '난민'들로서는 요구하던 바를 일정하게 쟁취하였음에도

불구하고 해산하지 않았다. 이처럼 민란이 장기적으로, 또 조직적으로
지속된 것은 바로 전봉준 같은 지도자가 있었기 때문이다.

1월 14일까지 가담한 사람은 15개 마을 1만여 명에 이르렀다. 이렇게
되자 농민군들 중에서 장정을 선발하고 노약자는 귀가시켰으며, 각 촌락
마다 5명의 대표가 이들을 통할하였다. 1월 17일 난민들은 군기고를
격파하여 무기를 가지고 1월 17일 말목장터로 옮겨서 주둔하였다. 여기
서 지도부는 13명의 대표를 다시 선정하고, 고부민들은 만석보를 파괴
하고 백산에 성을 축조하기 시작하였다. 말목장터로의 이동과 백산성
축조는 두 가지 점에서 주목된다. 첫째, 민란이 발발한 후 1주일 정도가
지나도록 인근 읍에서 호응이 없자 일단 장기전 태세를 갖춘 것이다.
둘째, 전봉준 등 지도부가 이미 대규모 봉기로 돌입하기로 결심하였으
며, 그 근거지로 백산을 염두에 두었다는 것이다.

고부민란은 무엇보다 인근 읍의 지도자들과 충분한 합의가 이루어지
지 못한 상태에서 발발하였기 때문에 이웃 읍의 호응도 받지 못하였다.
고부민란이 끝난 다음 전봉준이 손화중을 찾아간 것에 대해, "부하를
잃은 (전)봉준이 몸소 방문하여 구원을 청함에 (손)화중은 시기상조(時
機尙早)를 역설하였으나 전씨의 간원에 응하지 않을 수 없었다"고 하였
다 (「전봉준실기(全琫準實記)」). 여기서 주목되는 점은 전봉준의 요청에
대해 손화중이 거부나 놀라움을 표시한 것이 아니라 '시기상조'라는 의
견을 말했다는 점이다. 이것은 곧 이들 간에 이미 이전부터 어떤 식으로
든 봉기에 대한 논의가 있었으나 아직 봉기에 필요한 조건문제 등과
관련하여 봉기시기에 대해 합의를 보지 못한 상태에서 고부민란이 일어
났음을 동시에 보여준다.

고부민란이 일어나자 태인의 최경선, 정읍의 손여옥 등 인근 읍의 인물들도 일부 참가하였지만, 조직적인 호응이나 연계가 이루어지지는 못하였다. "이웃 군 도처에서 동정을 표하여 대체로 악평하는 자는 없었"으나, "아직 자진하여 이들에게 합세하여 자기 머리 위의 악정을 없애려는 자"도 없었던 것이다. 또 '난민'들과 지도부 사이에는 아직 의식상 간극이 있었다. 관아를 점령한 후 창고 곡식을 헐어 나누어가지는 등 그들의 요구가 일정하게 관철되자 '난민'들은 "요구하는 바를 이루었으니 돌아가겠다"고 하였다.

지도부는 이러한 문제를 극복하고 민란을 보다 높은 단계로 전개시켜 나가고자 노력하였다. 그 대표적인 것이 2월 20일경 민란을 전라도 전역으로 확산하여 '봉기계획'을 실현에 옮기고자 전라도 각지로 보낸 '보국안민'을 위한 「창의격문」이다. 『남유수록(南遊隨錄)』에는 그 대략의 내용을 다음과 같이 소개하고 있다.

> 수목지관(守牧之官)은 치민(治民)의 도(道)를 모르고 생화(生貨)의 본원으로 삼는다. 여기에 더하여 전운영(轉運營)이 창설됨으로써 폐단이 번극(煩劇)하여 민인들이 도탄에 빠졌고 나라가 위태롭다. 우리는 비록 초야(草野)의 유민(遺民)이지만 나라의 위기를 좌시(坐視)할 수 없다. 원컨대 각 읍의 여러 군자(君子)들은 제성분의(齊聲奔義)하여 나라를 해치는 적을 제거하여 위로는 종사(宗社)를 보전하고 아래로는 백성들을 편안케 하자.

명백히 민란의 차원을 넘어서는 '거의'를 선동하는 격문이다. 이 격문은 각 고을 관리들의 탐학뿐만 아니라 전라도 일대의 다른 고을도 직접적으로 이해관계를 갖고 있던 전운영 문제를 동시에 제기하고 있다.
즉 일개 고을의 범주를 명백히 벗어나는 문제를 제기함으로써 민란을
인근 지역으로 확산시키려 한 것이다. 이 격문이야말로 공개적으로 '보
국안민'을 위해 일제히 일어날 것을 각지에 촉구하는 최초의 '창의선언'
이라고 할 수 있다. 여기서 주목되는 것은 '보국안민'을 위한 '창의'의
목표에서 척왜양의 구호가 완전히 사라지고 없다는 점이다. 오히려 '제
성분의(齊聲奔義)'의 당위성을 탐학한 지방관과 전운영의 폐해의 제거
에 두고 있었다.

고부 '난민'들은 2월 25일에는 말목장터에서 백산으로 이동하였고,
이어 전봉준은 '난민'들에게 함열 조창에 나아가 전운영을 격파하고 전
운사 조필영을 쫓아낼 것을 촉구하였다. 격문을 날린 데 이어 일대의
많은 고을들이 공통적으로 당하고 있던 폐해의 근원인 전운영을 공격함
으로써 인근 읍민들이 호응할 수 있는 계기를 마련하고자 한 것이다.

그러나 '난민'들은 전운영 공격을 꺼려하였다. 민요가 월경(越境)을
하면 반란의 딱지가 붙게 된다는 것이 이유였고, 이에 '난민'들은 해산하
고자 하였다. '난민'들의 대체적인 분위기는 일반적인 민란의 양상을
벗어나는 항쟁에는 동의하지 않았기 때문에 '난민'과 지도부는 의견의
일치를 보지 못하고 있었던 것이다. 대부분의 '난민'들의 목표는 조병갑
을 축출하고 부당하게 빼앗긴 재물을 환수하는 데 있었다. 그들의 의식
은 여전히 일반적인 민란의 범위를 벗어나지 못하였던 것이다. '난민'들
의 이러한 의식은 결국 신임 고부군수로 부임한 박원명의 효유가 쉽게
주효하는 중요한 요인이 되었다.

이어 3월 1일 전봉준은 수백 명의 '난민'을 동원하여 줄포의 세곡

창고를 파괴하는 행동을 감행하였다. 그러나 인근 읍의 호응은 없었다. 아직까지 인근 지도자들과 완전한 합의를 보지 못하였고, 전봉준의 격문에 호응한 인근 읍의 지도자가 있다 하더라도 각 고을에서 '거의' 세력을 규합하는 데는 시일이 걸렸을 것이기 때문이다. 여기에 더하여 신임군수 박원명의 효유가 주효하여 3월 3일경에는 그렇지 않아도 민란 수준을 뛰어넘는 항쟁에 반대하던 '난민'들이 해산을 하기 시작하고, 3월 13일에는 완전히 해산하였다. 결국 전봉준은 부하 50여 명만 거느리고 고부를 빠져나가 무장의 손화중에게 갈 수밖에 없었다.

그러나 주변 지역에서 호응이 전혀 없었던 것은 아니다. 전봉준의 「보국안민창의」 격문이 날아간 열흘 정도 뒤인 2월 말부터 고부 인근 읍에서 농민들의 움직임이 나타나기 시작한다. 2월 29일(양력 4월 4일) 김제의 죽산으로부터 동쪽으로 40여 리 떨어진 곳(금구 원평 일대)에 동학당이 모여 있다는 소문이 있었다. 3월 11, 12일경 동학당 약 3,000여 명 정도가 금구에서 태인을 거쳐 부안으로 가는 것을 태인에서 볼 수 있었다.

한편 3월 11일경이면 충청도 황간, 영동, 옥천, 보은 등지에서도 동학 교도들이 크게 일어나 양반들이 봉욕을 당한 일이 있고, 무장기포 직후에는 진산에서 서장옥 관하의 농민군이 회소를 설치하고 전봉준과 상하 상응하고 있었다. 이런 점으로 미루어 볼 때 전봉준의 2월 중순경 격문은 전라도뿐만 아니라 충청지역 접주들에게도 전달된 것으로 보인다.

3월 16일에는 농민군 수천 명이 무장 고을 당산에 집결하기 시작하였다. 처음에는 100여 명에 불과하였으나, 3월 16일부터 3월 18일에 걸쳐 사방에서 몰려든 농민군은 1,000여 명으로 불어났다. 이들 가운데 수백

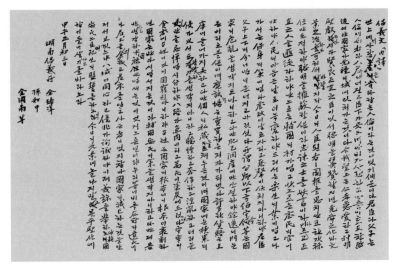

무장 포고문(『동학사』)

명이 법성포 진량면 황현리 대나무 밭에서 죽창을 만들고 민가에서 조
총·호미·낫·삽 등을 탈취해 갔다. 이어 그동안 동학에 반대하고 탄압
하였던 자들을 잡아다가 구타하고, 군량으로 삼기 위해 인근 석교촌의
미곡상 안덕필이 무치(貿置)해 둔 백미 60석을 빼앗아 가고 그 집을 파괴
하였다. 또 무장현감에게 글을 보내 일간 다른 곳으로 옮겨갈 것이라고
통보하였다.

황현은 "우도 일대 10여 읍이 일시에 봉기하여 열흘 정도에 수만 명이
모여들었고 동학과 '난민'이 함께 어우러진 것은 이 때부터였다. ……
봉준 등은 무장에서 큰 집회를 열고 그들의 생각을 민간에 널리 알렸는
데……"라고 하였다. 우도 10여 읍이라고 한 데서 볼 때 당시 움직인
농민들은 주로 고부민란 이전부터 지역간의 조직적 연계의 단초를 보이
고 있던 고을의 동학교도들이었다. 또 열흘 동안 수만 명이 모였다고

한 데서 이미 전봉준이 고부를 떠나 손화중에게 가기 이전인 3월 10일경부터 인근 읍의 '난민'들이 본격적으로 합세를 하기 시작하였음을 알 수 있다.

이는 조직 면에서도 의식 면에서도 '농민혁명 봉기계획'을 추진할 수 있는 기본적인 조건이 마련되었음을 말한다. 이와 같이 본격적인 '거의'를 수행하기 위한 조건이 일정하게 갖추어지자 전봉준 등 지도부는 드디어 3월 20일에 「무장포고문」을 발포하였다. 이제 비로소 전면적인 동학농민혁명이 시작된 것이다.

6. 동학농민군의 제1차 봉기와 호남 서남부 지역

농민군이 세몰이를 시작하다

1894년 3월 20일 무장(茂長)에서 기포한 농민군은 자신들이 봉기하게 된 배경과 목표를 천명하는 역사적인 '포고문'을 발표하였다. 여기에는 농민군이 들고 일어날 수밖에 없었던 사정이 명확하게 제시되어 있었다. 방백수령으로부터 중앙의 공경대부에 이르기까지 썩어빠진 지배층에 대한 적나라한 비판, 그로 인해 나라가 존망의 위기에 처하게 되었다는 인식, 자신들은 초야의 유민(遺民)이지만 나라의 위기를 좌시할 수는 없다는 정치주체로서의 자각, 이러한 위기로부터 나라를 구하기 위하여 죽음을 맹세하고 일어선다는 결연한 각오 등이 잘 드러나 있다.

1894년 당시 농민군이 일어난 궁극의 목적은 부패한 집권 민씨 척족 세력을 타도하고 폐정을 개혁하려는 데 있었다. 이 점은 다음 전봉준의 증언을 통해 알 수 있다. 1894년 12월 2일 순창 피로리에서 체포된 후

서울로 압송된 전봉준은 일본군 장교 미나미(南小四郎)에게 동학농민혁
명을 일으킨 목적을 다음과 같이 밝히고 있다.

　　원래 우리들이 병을 일으킨 것은 민족(閔族)을 타도하고 폐정을 개혁
할 목적이었지만, 민족(閔族)은 우리들의 입경에 앞서 타도되었기 때문
에 일단 병을 해산했다. 그런데 그 후 7월 일본군이 경성에 들어가 왕궁
을 포위했다는 것을 듣고 크게 놀라 동지를 모아서 이를 쳐 없애려고
다시 병을 일으켰다. 단 나의 종국의 목적은 첫째, 민족(閔族)을 무너뜨
리고 한 패인 간신을 물리쳐서 폐정을 개혁하는 데 있고, 또한 전운사(轉
運使)를 폐지하고 전제(田制), 산림제(山林制)를 개정하고 사리(私利)
를 취하는 소리(小吏)를 엄중히 처단하는 것을 원할 뿐이다.

　위기로부터 나라를 구하려는 농민군의 종국의 목표 가운데 하나는
부패한 민씨 척족세력을 쫓아내는 것이었다. 그 중에서도 세 사람, 민영
준(閔泳駿), 민영환(閔泳煥), 고영근(高永根)을 백성들에게 가장 큰 폐해
를 끼치는 대표적인 인물로 지목하였다.

　농민군은 「무장포고문」을 발포함과 아울러 기포의 목표와 행동지침
을 포괄적으로 제시하는 4대명의(四大名義)를 발표하였다. 그 내용은
1) 사람과 생물을 죽이지 말 것, 2) 충효를 함께 온전히 하여 세상을
구하고 백성들을 편안케 할 것, 3) 왜놈과 양놈을 모두 쫓아내고 성도(聖
道)를 깨끗이 할 것, 4) 군대를 거느리고 서울로 쳐들어가 권귀(權貴)들
을 모두 없애고 기강을 크게 떨치고 명분을 바로 세우고 성훈(聖訓)을
따를 것 등이었다. 이를 통해 농민군 지도부는 인명을 존중하는 인도주
의적 정신, 유교적 충효사상을 강조하였다. 그리고 그들의 목표가 중앙

의 권귀를 쫓아내 없애버리려는 데 있음을 천명하였다.

그러나 무장기포 당시에 사전에 모의하여 기포에 합의한 지도자들이나 참가한 지역의 범위는 제한적이었다. 무장기포를 주도한 것은 전봉준과 손화중이었고, 이 때 모인 농민군의 주력은 손화중 휘하의 농민군이었다. 무장기포 당시 모인 농민군의 수는 약 4천여 명이었다. 이 정도의 병력은 중앙의 권귀를 축멸한다는 목적을 실현하기에 턱없이 부족하였다. 그래서 무장기포 직후 농민군 주력부대는 고부 인근의 각지를 석권하며 더 많은 농민군을 동원하기 위한 세몰이에 나섰다.

농민군들은 무장의 부민들에게서 군량을 징수한 뒤 '보국안민창의'라고 쓴 깃발을 앞세우고 장도에 올랐다. 이 깃발은 목면이나 옥양목으로 만들어졌으며, 크기는 옥양목으로 된 것이 폭 2척 4촌이나 5촌, 길이 7척 정도였고, 목면으로 된 것은 폭 1척 8 내지 9촌, 길이 5척 정도였다.

무장을 출발한 농민군이 처음으로 점령한 곳은 고창이었다. 농민군은 고창에 들어오면서 "구폐교정절목(抹弊矯正節目)이 있었기 때문에 겨우 해산하였으나, 우리들을 잡으려고만 하니 무슨 마음에서인가. 장차 전주로 가서 감영과 안핵사에게 그 이유를 묻고자 한다"고 하였다. 「구폐교정절목」은 1894년 2월 15일 새로 고부군수로 부임한 박원명이 고부민들에게 약속한 것이었다. 그러나 3월 2일경 고부에 도착한 안핵사 이용태는 박원명이 고부민들에게 한 약속을 모두 뒤집어엎고는 오히려 고부민들을 역적으로 몰아 기필코 주륙하고자 하였다. 김문현도 다시 요호부민들을 잡아가두어 난을 불러일으킨 죄를 뒤집어씌우고 뇌물을 거둬들였다. 농민군들이 고창지방에 들어오면서 한 말은 바로 이와 같은 고부민란 당시의 사정을 염두에 둔 것이었으며, 이는 바로 고부민란과 동학농민혁명이 전혀 별개의 움직임이 아니라 밀접한 연관 속에서 진행되고 있었음을 보여준다.

고창에 머물던 농민군 가운데 일부는 3월 21일부터 정읍과 고부 방향으로, 일부는 사포를 지나 줄포 방향으로 갔으나, 농민군 본대가 고창을 떠난 것은 22일이었다. 3월 22일 정오 무렵 농민군 본대는 혹은 말을 타고 혹은 도보로 깃발을 들고 나팔을 불고 북을 두드리고 총을 쏘아대며 홍덕 사후포로 들어갔다. 여기서 하루를 머문 농민군은 다음 날인 3월 23일 부안 줄포로 향하였다. 3월 23일 오전 10시경 머리에 황색 두건을 두른 십여 명의 농민군이 미리 줄포에 도착하여 점심 3천 5백 상을 준비하도록 요구하였다. 이어 점심 때쯤 줄포 사정(射亭)으로 농민군 수천여 명이 들어왔으며, 이들은 오후 6시쯤 고부로 향하였다.

이 때 농민군에게는 청·홍·백·황색으로 구별된 척후기가 있었다. 색깔별 척후기를 상하 혹은 좌우로 흔들거나 급하게 혹은 느리게 흔들며 부대의 진퇴를 일사분란하게 지휘하고자 하였던 것이다. 농민군은 죽창, 활, 화살, 창 그리고 화승총으로 무장하였고, 고부로 출발하기에 앞서 폐정개혁을 요구하는 격문을 사방에 부착하였다, 거기에는 "우리 태조의 혁신정치로 돌아가면 그친다"는 내용이 들어 있었다. 농민군 일각에서는 고려 말기의 부패한 권문세족들을 척결하고 그들이 가졌던 농장을 농민들에게 나누어준 조선 개국 초기의 혁신정치를 이상적으로 생각하고 있었음을 보여준다. 또한 농민군들이 저마다 들고 있던 깃발에는 '인·의·예·지·신(仁·義·禮·智·信)'이나, 혹은 순천, 광주 등 각 부대별 출신 지역명이 쓰여 있었다.

줄포를 떠난 농민군 본대가 고부에 도착한 것은 3월 23일 저녁 8시쯤

이었다. 이 때 농민군의 규모는 말을 탄 지도부 20여 명을 포함하여 총창 등으로 무장한 3천여 명이었다. 이들은 향교와 관아 건물에 분산하여 주둔해 있으면서 저녁식사는 읍내 이서배와 부잣집들에 배정하여 마련하게 하였다. 고부는 조병갑과 이서배들의 부정부패와 악정이 극에 달하였던 지역이지만, 농민군은 여기서 이들에 대해 특별한 조치를 취하지는 않았다. 이미 고부민란 당시에 조병갑이 도주하였고 악질 이서배들 일부는 징치를 한 바 있기 때문이다. 이튿날에는 고부군의 군기를 탈취하여 태인과 금구, 원평 방면으로 향하였다. 이 가운데 일부는 3월 25일 태인에서 점심을 먹고 원평에서 숙영하였고, 일부는 25일에 다시 고부로 들어와 화약고와 군기고를 공격한 다음 백산면 예동으로 이동하여 숙영하였다.

3월 26일 저녁 6시경 고부 백산면 예동에 있던 농민군은 태인군 용산면 화호 신덕정리로 옮겼다. 바로 백산이 있는 곳이다. 오지영은 농민군이 고부에서 3일간 머문 뒤 백산으로 옮겼다고 하였다. 여기서 농민군들은 진용을 새로 갖추게 되는데, 이른바 '백산대회'다. 백산대회에 대해 오지영은 다음과 같이 전하고 있다.

　　고부에 유진(留陣)한 지 3일 後에 대군을 몰아 백산(白山)에 진을 옮겨 치고, 다시 군(軍)을 조성할새 중망(衆望)에 의하야 전봉준이 대장이 되고 손화중, 김개남이 총관령(摠管領)이 되고 김덕명, 오시영이 총참모가 되고 최경선이 영솔장(領率將)이 되고 송희옥, 정백현 등이 비서가 되었었고 대장기폭에는 '보국안민(輔國安民)' 사자(四字)를 대서(大書)로 특서(特書)하였고 이에 재도(再度)의 격문(檄文)을 지여 사방에 전하였었다. (『동학사』)

격문(檄文)

우리가 의(義)를 거(擧)하여 이에 이른 것은 그 본 뜻이 다른 데 있지
않고 창생(蒼生)을 도탄(塗炭) 속에서 건지고 국가를 반석(磐石) 위에
두기 위해서이다. 안으로는 탐학한 관리의 머리를 베고 밖으로는 횡포
한 강적(强賊)의 무리를 쫓아내고자 하는 것이다. 양반과 부호(富豪)들
에게 고통을 받는 민중들과 방백(方伯)과 수령에게 굴욕을 당하는 소리
(小吏)들은 우리와 같이 원한이 깊은 자들이다. 조금도 주저하지 말고
이 시각으로 일어서라. 만일 기회를 잃으면 후회하여도 늦을 것이다.

갑오 정월 일　　　호남창의대장소 (고부)백산

말미에 나오는 갑오 정월이라는 날짜는 오지영이 착각한 것으로 백산
대회는 실제로는 3월 말에 개최되었다. 백산대회에 모인 농민군의 수는
6천, 7천여 명이었고 백산대회 직후 농민군은 전주성을 점령하기 위해
태인-원평을 거쳐 전주로 향하였다. 백산대회는 무장에서 약 4천 명으
로 기포한 농민군이 고창, 흥덕, 고부, 태인, 금구 등지를 석권하며 6천,
7천 명으로 세를 불린 다음 전주성 공격을 앞두고 농민군의 위세를 과시
한다는 의미였고, 동시에 전봉준, 김개남, 손화중을 중심으로 지휘체계
와 전열을 가다듬는다는 목적으로 치러진 대회였음을 보여준다.

농민군들은 백산대회를 통해 진영을 정비할 무렵부터 각지로 통문과
전령을 보내 군량을 확보하고자 하였다. 3월 26일에는 백산 지역에 주둔
해 있던 농민군이 김제군에 전령을 보내 "읍에서 거두어들이는 돈과
곡식이 얼마쯤인지 내용을 잘 아는 아전이 장부를 가지고 길가의 역참에
서 기다리라"고 하였다. 3월 29일 태인현 용산 화호, 곧 백산에 설진해
있던 농민군은 태인현으로 서찰 한 통을 보내 "포수와 창수 각 1백 명을

거느리고 북과 나팔, 징과 바라를 일제히 울리며 기다리라"고 하였다. 서찰 말미에는 '제중의소(濟衆義所)'라는 서명이 있었다. "민중들을 도탄에서 구제하기 위해 일어선 의로운 농민군의 본부"라는 의미를 지니는 '제중의소'라는 명칭은 이 때 처음으로 등장한다.

이와 같이 농민군은 백산대회를 통해 전열을 가다듬은 다음 군기와 군량을 확보하여 전주성 공격에 나섰다. 우선 3월 29일 밤에는 태인으로 들어가 곧장 동헌과 내아(內衙)를 공격하여 군기를 탈취하고, 거기서 하루를 머문 다음 4월 1일 오전에는 금구 원평으로 진격하였다. 그러나 4월 2일 금구까지 진격했던 농민군은 감영 포군 1만여 명이 농민군을 치러 온다는 소문을 듣자 4월 3일 태인으로 후퇴하였다. 이 날 감영에서는 김제, 부안, 흥덕, 고창, 정읍, 장성, 태인 등 7개 읍을 향해 농민군들이 후퇴할 때 뒤따라가며 섬멸하라는 지시를 내렸다. 이어 다음 날에는 태인, 김제, 부안, 고부 등 4개 읍으로 통하는 길을 모두 차단하여 농민군들의 이동을 막게 하고, 감영의 중군(中軍)이 병대를 이끌고 농민군 본대가 떠난 태인 지역으로 들어가 금구 원평에서 113명의 농민군을 체포하기도 하였다.

무장에서 일어나 백산대회를 거치며 전주 진격을 위한 세몰이를 하는 과정에서 농민군의 수는 6천, 7천 명이었다. 이는 만족할 만한 수준이 아니었고 활동지역 역시 제한되어 있었다. 농민군 주력부대가 진격하여 거쳐간 무장, 고창, 정읍, 고부, 태인 등은 이미 교조신원운동 무렵부터 지역간의 조직적 연계가 일정하게 이루어진 곳이었다. 또 이 과정에서 농민군이 장기간 체류한 곳은 16일 무렵부터 기포하는 20일까지 각지에서 몰려든 농민군이 유진(留陣)해 있던 무장, 23일부터 26일 오후까지

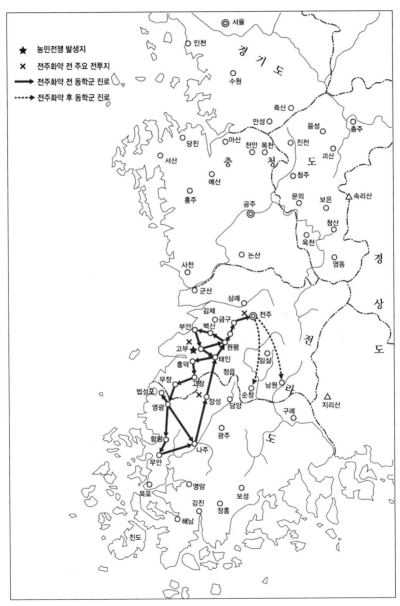

제1차 농민전쟁지도

활동하였던 고부, 26일부터 29일까지 머무르며 각지로 통문을 보내기 시작한 태인이었다. 이 지역은 손화중, 전봉준, 김개남 등 동학농민혁명 3대 지도자의 거점이었다.

물론 4월 초까지만 하여도 영남, 호서 등지에서도 농민군의 움직임이 일어났고, 일부 다른 지역의 농민군이 전라도로 와서 농민군 본대에 합류하기도 하였다. 그러나 농민군 주력부대는 무장, 고부, 태인을 중심으로 활동하였으며, 동원된 농민군도 거의 이 지역에 국한되어 있었다. 아직 전라도 지역에서조차 고부, 태인, 무장을 제외한 다른 지역의 농민군이 집단적 혹은 조직적으로 합세하거나 호응하지는 않았다. 따라서 만여 명의 감영군이 남하한다는 소문을 듣고는 후퇴할 수밖에 없을 정도로 농민군의 역량은 아직 취약하였다. 이에 따라 농민군 지도부는 역량을 강화하기 위해 제2차 세몰이에 나섰다.

제1차 세몰이와 호남 서남부 지역의 변화

호남 서남부 지역 동학교도들은 이미 1893년 3월에 열린 보은집회에도 집단적으로 참여하였지만, 1894년 1월에 발발한 고부민란 당시에는 이에 동조한 흔적이 보이지 않는다. 앞서 언급하였듯이 전봉준은 고부에서 민란을 일으키며 인근 읍에서도 함께 일어날 것으로 기대했으나, 손화중을 비롯한 김개남, 김덕명 등 인근 읍의 지도자들은 아직 시기상조로 판단하여 동조하지 않았기 때문이다.

그렇지만 영광이나 무안의 경우 지리적으로도 제1차 봉기가 발발한 진원지인 무장과 가까웠고, 영광의 경우 제1차 봉기 직전인 2월 28일 수령의 부정부패에 반대하는 민란이 일어났다. 그래서 서남부 지역 농민군들은 무장에서 농민혁명이 시작된 이후에는 적극적으로 가담하기 시작했다. 이 지역 농민들에게도 지배층의 탐학과 부정에 저항하는 움직임이 잠재해 있었던 것이다.

　이들 지역에서 무장봉기 당시에 얼마나 많은 농민군이 참여하였는가는 확인할 길이 없다. 그러나 『천도교회사초고』에는 제1차 봉기에 참가한 각지 지도자들을 다음과 같이 소개하고 있다.

고부　정종혁 송대화 송주옥 정덕원 정윤집 홍광표 손여옥 주관일 주문상 윤상홍

옥구　허진

정읍　임정학 차치구

태인　김개남 최찬영 김지풍 김한술 김영하 유희도 김문행

만경　진우범

금구　김덕명 김사엽 김봉득 유한필 김윤오 최광찬 김인배 김가경

김제　김봉년 이치권 임례욱 한진설 허성의

고창　오하영 오시영 임천서 임형로

무안　배규인(裵圭仁) 배규찬(裵圭贊) 송관호(宋寬浩) 박기운(朴琪雲)
　　　　정경택(鄭敬澤) 박연교(朴淵敎) 노영학(魯永學) 노윤화(魯允和)
　　　　박인화(朴仁和) 송두옥(宋斗玉) 김행로(金行魯) 이민홍(李敏弘)
　　　　박춘경(朴春京) 이동근(李東根) 김응문(金應文)

담양　남주송 김중화 이경섭 황정욱 윤용수 김의안 이화백

무장　송문수 강경중 정백현 송경찬 송진호

임실　최승우 최유하 임덕필 이만화 김병옥 문길현 한영태 이용거 이병용 곽사회 박경무 한군정

남원　김홍기 이기동 최진학 전태옥 김종학 이기면 이창우 김우칙 김연

호 김시찬 박선주 임동훈 이교춘 강종실
순창 이용술 양회일
진안 이사명 전화삼 김택선
무주 이응백 윤　민 갈성순

또 오지영은 『동학사』에서 3월 말 백산대회에 모인 각 지역 농민군지
도자들에 대해 전하고 있다. 우선 백산대회에서는 대장 전봉준, 총관령
손화중, 김개남, 총참모 김덕명, 오시영, 영솔장 최경선, 비서 송희옥,
정백현이 선임되었다고 하였다. 그 외에 장령급으로 오하영, 오시영,
임천서, 강경중, 송경찬, 고영숙, 김봉년, 김사엽, 김봉득, 유한필, 손여
옥, 치치구 등을 꼽았으며, 이어 각 지역 지도자들을 다음과 같이 소개하
고 있다.

고창 홍낙관 홍계관 손여옥
무장 송문수 송진호 장두일 곽창욱
영광 최시철 오정운
고부 정일서 김도삼 홍경삼 정종혁 송대화 송주옥 정덕원 정윤집 전동
　　 팔 홍광표 주관일 주문상 윤상홍
정읍 임정학
태인 김영하 김한술 김영구 김지풍 최영찬
금구 송태섭 조원집 이동근 유공만 유한술 최광찬 김응화 김윤옥 김인
　　 배 김가경
김제 조익재 황경삼 하영운 한경선 이치권 임례욱 한진설 허성의
옥구 허진
만경 진우범

무안 배규인(裵圭仁) 배규찬(裵圭贊) 송관호(宋寬浩) 박기운(朴琪雲)
　　정경택(鄭敬澤) 박연교(朴淵敎) 노영학(魯永學) 노윤하(魯允夏)
　　박인화(朴仁和) 송두옥(宋斗玉) 김행로(金行魯) 이민홍(李敏弘)
　　박춘경(朴春京) 이동근(李東根) 김응문(金應文)

임실 최승우 최유하 임덕필 최우필 조석휴 이만화 김병옥 문길현 한영
　　태 이용거 이병용 곽사회 박경무 한군정

남원 김홍기 이기동 최진학 김태옥 김종학 이기면 이창수 김우칙 김영
　　호 김시찬 박선주 정동훈 이교춘

순창 이용술 양회일 오동호 김치성 방진교 최기환 지동섭 오두선

진안 이사명 전화삼 김택선

장수 김숙여 김홍두 황학주

무주 이응백 윤 민 갈성순

부안 신명언 백이구

장흥 이방언 이인환 강봉수

담양 남주송 김중화 이경섭 황정욱 윤용수 김희안

창평 백 학 유정로

장성 김주환 기수선 기동도 박진동 강계중 강서중

능주 문장렬 조종순

광주 강대열 박성동 김우현

나주 오중문 김 유

보성 문장형 이치의

영암 신 성 신 란 최영기

강진 김병태 남도균 윤시환 장의운 안병수 윤세현

흥양 유희도 구기서 송년호

해남 김도일 김춘두

곡성 조석하 조재영 강일수 김현기

구례 임춘봉

군천 박낙양

전주 최대봉 강문숙 강수한 송창렬 박기준 오두병

이를 통해 볼 때 제1차 농민봉기가 일어나자 무안, 영광, 영암, 나주, 해남, 장흥, 강진 등 호남 서남부 지역도 집단적으로 가담하였음을 알 수 있다. 특히 이 가운데 무안 출신의 지도자급 인물은 전봉준, 손화중, 김개남 등 3대 지도자의 근거지인 고부나 무장, 태인 지역보다 많은 15명이나 참가하고 있다. 이는 여러 가지 면에서 이해할 수 있지만,『순무선봉진등록』에서는 무안은 "비류(匪類)들의 소굴"로 불릴 정도로 거괴가 많았고 그 가운데 배상옥 · 배규찬 형제는 무안의 거괴로서 남도 연해지역에서는 괴수자(魁首者)라고 칭하며 전봉준, 김개남, 손화중, 최경선 등에 뒤지지 않는다고 했다.

또 동학 농민혁명 당시 관군 측의 선무사 이규태(李圭泰)가 보낸 문서에 따르면, 농민군 부대에는 각 접이 있고 접주가 그 우두머리라고 하였다. 접주의 세력도 휘하에 거느리고 있는 농민군의 규모에 따라 나누었는 데, 접주들 가운데서 무장의 손화중과 무안의 배상옥은 각각 수만 포중(包衆)을 거느리고 있어 전봉준이나 김개남보다 몇 배나 더 크며, 만일 접주의 세력으로 말한다면 당연히 손화중과 배상옥이 으뜸이고 그 다음이 최경선, 오권선, 이사명, 남응삼, 이방언 등 10여 명에 이른다고 기록하였다. 이러한 탓인지 배상옥에게는 일천 냥이라는 거액의 현상금이 걸렸고, 그를 체포한 해남의 윤규룡(尹奎龍) 등이 그 현상금을 탔다고 한다.

이상으로 미루어 무안에는 배상옥(裵相玉, 裵圭仁)과 규찬(圭贊)을 비롯한 많은 인물들이 동학에 입도하여 활발하게 활동하고 있었음을 알 수 있다. 앞서 언급한 바와 같이 백산대회에 무안지역 접주들이 다른 어느 지역보다 월등히 많이 참가한 사실도 이러한 사정에서 연유한다.

특히 무안 지역에서는 형제나 부자가 함께 농민군에 가담하여 활발하게 활동한 사례가 적지 않았다. 삼향의 배규인(裵圭仁)·배규찬 형제, 몽탄의 김응문 3형제(金應文·孝文·子文)와 응문의 아들 우신(禹信), 해제의 최장현 3형제가 대표적인 사례다(3·4부에서 설명).

농민군이 다시 세몰이로 결집하다

백산대회 직후 농민군 주력부대가 금구로 진격할 때 백산대회에 참가하였던 농민군 가운데 '백산여당(白山餘黨)'으로 표현된 일부 농민군은 부안으로 갔다. 이들은 부안의 농민군과 합세하여 500여 명의 부대를 이루어 하동면(下東面) 분토동(分土洞)에 주둔하였다. 이들이 내건 깃발도 '보국안민'이라고 적혀 있었고, 작은 깃발에는 부안, 고부, 영광, 무장, 홍덕, 고창 등의 지명이 쓰여 있었다. 4월 1일에는 이들 가운데 200여 명이 관아로 쳐들어가 감영으로 보내기 위해 차출하여 장청(將廳)에 대기시켜 놓았던 포군(砲軍)들을 모두 해산시켜 버렸다.

이어 4월 2일에는 부안공형에게 사통(私通)을 보내 장시에서 분전수세(分錢收稅)하는 일을 금지할 것 등 4개 조의 폐막에 대한 시정을 요구하였다. 또 부안읍에 쌓아둔 돈과 곡식 가운데 쌀 10석과 돈 200냥을 즉시 보낼 것을 지시하고, 읍내 신재명(辛在明)의 집에 사서 쌓아두었던 쌀 120석을 다른 데로 실어가지 못하게 하고 공형(公兄)들에게는 지목전

(指目錢)이라는 명목으로 4천 냥을 내놓으라고 독촉하였다. 분토동에 있던 농민군은 4월 2일 저녁에 부안현 서도면(西道面) 부흥역(扶興驛)으로 옮겨 주둔하였다. 4월 3일 부안 공형들의 보고에 따르면 이 때 부안에서 활동하고 있던 농민군들은 "금산, 태인에서 일어난 무리와 하나면서 둘로 합세하면 하나의 부대를 이루고 나뉘면 3개 부대를 이루므로 서로 기맥이 통하고 있다"고 하였다. 이는 금산농민군과 전봉준이 이끌던 농민군 본대가 조직적으로 연결되어 있었음을 보여준다.

4월 3일 원평으로부터 후퇴한 농민군 주력부대는 태인현 인곡(仁谷) 용산장(龍山場)에 들어와 숙영하였다. 다음 날 이들 가운데 일부는 태인에 남고 일부는 4일 12시경 부안으로 들어가서 이미 4월 1일 무렵부터 부안에 모여 있던 500여 명의 농민군과 합세하였다. 합세한 농민군은 동헌을 공격하여 현감을 구금하고 공형을 결박한 다음, 군기를 탈취하였다. 또 이들은 공형들에게 매질을 하고 잘못을 저지른 주민들을 잡아 족쳤는데 그 모습이 마치 재판을 하는 듯하였다. 현감 이철화(李喆和)는 농민군이 황토현이 있는 고부 도교산(道橋山)으로 이동하기 시작한 4월 6일 오후에야 겨우 풀려날 수 있었다.

4월 4일 부안에 주둔해 있던 농민군은 법성포 이서와 향리에게 백성들에 대한 폐단을 고칠 것을 주장하는 9개 조의 통문을 보냈다.

성명(聖明)이 위에 있음에도 생민(生民)이 도탄에 빠진 것은 왜인가? 민폐의 근본은 이포(吏逋)에서 말미암고 이포의 근본은 탐관에서 말미암으며 탐관이 범하는 것은 집권세력의 탐람(貪婪)에서 말미암는다. 아! 난이 극에 달하면 다스려지고 밤이 낮으로 바뀌는 것은 이치가 당연한 것이다. 지금 우리들이 위민위국(爲民爲國)을 하려는데 어찌 이와 민의 구별이 있겠는가? 그 근본을 궁구해 보면 이도 역시 민이다. 각종 공문서에 기록된 이포와 민막 사항들을 모두 가져와 보고하라. 마땅히 구별하는 방도가 있을 것이다. 염려하지 말고 가져오라. 시각을 어기지 말 것을 두려운 마음으로 알도록 할 일.

제중의소(濟衆義所)

금일 우리들의 의거는 위로는 국가를 보전하고 아래로는 여민(黎民)을 편안케 하려는 것이며, 죽음으로 맹세하였으니 놀라거나 동요하지 말라. 앞으로 바로잡아야 할 것들을 차례로 살펴보면 ① 전운영(轉運營)이 이민(吏民)들에게 폐단이 되는 것 ② 균전관(均田官)이 폐단을 낳는 것 ③ 시전에서 분전수세(分錢收稅)하는 것 ④ 각 포구에서 선주들이 백성들로부터 강제로 빼앗는 것 ⑤ 다른 나라의 잠상(潛商)들이 높은 가격으로 쌀을 사가는 것 ⑥ 염분에서 수세하는 것 ⑦ 각종 물건을 도고(都賈)들이 매점하여 이익을 챙기는 것 ⑧ 농사도 짓지 않는 땅에서 징세하는 것 ⑨ 환곡의 본곡을 백성들에게 거두지 않은 채 그냥 두고 해마다 그 이자만 받아가는 외환(臥還)을 없앨 것 등 여러 가지 폐막을 이루 다 기록할 수 없다. 무릇 우리 사·농·공·상 사업지민(四業之民)이 한 마음으로 협력하여 위로는 국가를 돕고 아래로는 거의 죽을 지경에 이른 민생들을 편안케 한다면 그 어찌 다행이 아니겠는가?

이 글은 농민군이 보국안민을 위해 봉기하였음을 밝히는 한편, 그를 위해 백성들의 생활에 폐해를 끼치는 여러 가지 제도와 문제의 개혁을 당면 과제로 설정하고 있었음을 명확히 보여준다. 또 민란에서와는 달리 백성들에게 피해를 끼치는 폐단들이 궁극적으로는 집권세력의 탐람(貪婪)에서 비롯된 것임을 정확히 이해하고 있음을 알 수 있다.

한편 부안의 농민군들은 4월 5일 부안 성황산(城隍山)으로 옮겼다.

이 날 정읍에서 올라온 농민군 수백 명도 여기에 합세하였고, 이 무렵 금산 지역의 농민군 1천여 명도 합세하였다. 금산 지역에서는 서장옥 계열의 농민군이 활동하고 있었다. 서장옥은 교조신원운동을 주도하였으며, 교단 핵심과는 노선을 달리하여 전라도 지역 교도들과 기맥을 통하고 있었다. 이들은 4월 2일 김치홍(金致洪)과 임한석(任漢錫)이 이끄는 보부상의 공격을 받아 114명의 전사자를 내는 큰 타격을 입은 뒤 부안으로 내려와서 합세한 것이다.

이와 같이 부안의 농민군은 그 세력이 크게 강화되었지만, 관군이 협공을 꾀하자 4월 6일 아침부터 부안을 빠져나오기 시작하여 고부의 도교산으로 옮겨 주둔하였다. 이에 감영에서는 병정과 별초군(別抄軍)·보부상을 도교산으로 파견하였으며, 농민군과 이들은 황토현(黃土峴)에서 맞닥뜨려 4월 6일 오후 4시경부터 접전이 시작되었다. 4월 6일 밤에는 태인에 남아 있던 농민군들도 고부 도교산으로 이동하여 그 곳의 농민군과 합세하였으며, 다음 날인 4월 7일 새벽부터 벌어진 황토현 전투에서 농민군은 감영군을 크게 격파하였다.

황토현 전투는 농민군이 최초로 감영군과 맞서 싸워 큰 승리를 거둔 것이다. 이 전투는 농민군의 행동과 사기 면에서 중요한 전기가 되었다. 김윤식은 황토현에서 승리한 농민군은 관군을 대적하는 것이 쉽다는 것을 알고 더욱 꺼리는 바가 없게 되었다고 하였다. 전라감사의 전보에 따르면 황토현 전투 직후인 4월 7일경 부안 근처 13읍의 수령들이 모두 감영으로 도피하였으며, 군기와 전곡(錢穀)은 농민군에게 탈취되었다고 하였다.

구례의 유생 김재홍(金在洪)은 황토현 전투 이후부터 농민군들이 "사행음학(肆行陰虐)해져서 민간의 곡식과 말, 기물을 탈취"하기 시작하였다고 했다. 당시 고부에 거주하던 유생 박문규(朴文圭)도 황토현전투이후 동학 입도자들이 격증하여 동네마다 주문소리가 들리게 되었다고 기록하였으며, 전라감사는 이 때부터 농민군들이 국왕이 파견한 경병(京兵)인 홍계훈의 초토군(剿討軍)과 접전할 계획을 세웠다고 하였다. 4월 6일 오후 4시경 군산에 도착하여 임피에서 하룻밤 묵은 경군은 도착하자마자 감영병의 패배 소식을 접하고 크게 위축되었다.

황토현 전투에서 감영군과 싸워 승리한 농민군은 4월 7일 오후 정읍으로 이동하였다. 오후 2시경 정읍의 연지원(蓮池院)과 모천(茅川) 변에 진을 치고 있던 농민군은 그 날 밤 8시경 정읍관아를 공격하였다. 곧장 장청(將廳)으로 뛰어든 이들은 옥문을 파괴하고 수감되어 있던 동학교도 6명을 풀어주었으며, 무기고를 파괴하여 창검 등의 무기를 탈취하였다. 공형과 도사령(都使令)의 집과 가산을 때려 부수고 보부상 사무실을 불태웠다. 이들은 관아를 공격한 다음 밤 10시경 고부 삼거리로 가서 숙영하였다.

다음 날인 4월 8일 오전 10시경에는 홍덕으로 진격하여 민가에 요구하여 점심을 제공받아 먹었다. 이후 "군사를 모집한 것은 무엇 때문인가. 반드시 실상을 조사할 것이다"라고 하며 군기고를 부수고 탄약과 창검, 조총 등을 탈취하여 8일 점심 무렵이나 오후 2시경에 고창으로 들어갔다. 4월 8일 밤 8시경 고창에 도착한 농민군은 관아를 공격하였다. 이들은 우선 옥문을 부수어 체포되어 있던 농민군 7명을 석방하고 대정(大靜) 현감을 지낸 읍내 은(殷)씨의 집을 공격하여 가산을 파괴하고 방화하였다. 이어 농민군들은 군기를 탈취하고 호적 등 장부와 문서를 거두어 조사하였으며, 동헌 및 각 공해를 부수었다. 또 현감이 가진 인부를 탈취하려 하자 현감은 도주하였다. 고창에서 하루 밤을 머문 농민군은 4월 9일 12시쯤 고창을 떠나 무장으로 향하였다.

농민군이 무장에 도착한 것은 4월 9일 오후 4시경이었으며, 이 때 농민군의 수는 1만여 명으로 불어나 있었다. 이들은 체포되어 있던 농민군 40여 명을 풀어주고 동헌과 관아 건물을 파괴하였으며, 군기고를 파괴하여 화약 등의 무기를 탈취하였다. 또 성 내외 인가를 불태웠는데, 이서배나 평소 평판이 좋지 않던 양반지주들의 집이었던 것으로 보인다. 이어 농민군은 도망간 이서배들을 수배하는 한편, 아전과 군교 10여 명을 죽였다. 또 이들은 주변을 둘러싸는 성을 만드는 한편 무장 관아에서 10리쯤 떨어진 여시뫼봉(狐山峰)에 주둔하며 3일을 머문 뒤 4월 12일 영광으로 들어갔다.

농민군은 4월 12일 오전 10시경 영광에 도착하였다. 이때 농민군은 1만여 명이었다. 영광에 들어온 농민군은 군기고에 불을 질러 군기를 탈취하고 군기고에 불을 지르고 호적을 태웠으며, 요호(饒戶)로부터 돈과 곡식, 말을 빼앗았다. 농민군 가운데 일부는 14일 법성 구수포(九岫浦)로 가서 세곡 운반을 위해 정박해 있던 한양호를 공격하여 전운국 위원 김용덕(金容德)과 일본인 선장 다나카(田中富之助) 등을 잡아다가 돈을 빼앗기도 하였다.

한편 영광군수 민영수는 동학농민군이 영광으로 들어온다는 소식을 듣고 법성포 조창의 관곡을 실은 배를 타고 칠산(七山)바다로 피신하는 바람에 농민군은 아무런 저항 없이 군아를 점령할 수 있었다. 영광에서는 동학농민혁명이 발발하기 전인 2월 28일에 민란이 일어났다. 황현(黃

玹)은 김국현을 장두로 한 영광의 난만들은 "폐막을 바로 잡는다고 칭하며 죽창을 들고 관아에 난입하여 청사를 훼파하고 군교를 죽였으며, 창 끝이 군수 민영수에게도 미쳤다"고 하였다(『오하기문(梧下記聞)』). 이와 같이 민영수는 이미 난민들로부터 혼쭐이 난적이 있었던 만큼 농민군이 남하해 오자 일찌감치 도주해 버린 것이다.

농민군들은 영광 일대에서 4일간 유진하였는데, 낮으로는 진법을 조련하며 밤으로는 경전을 읽었다. 그동안 식사는 성 밖에 있는 조정언(曹正言)과 김진사집 등에 배정하여 해결하였다. 여기서 농민군은 전열을 새로 가다듬고 본격적으로 자신들의 주장을 펼치기 시작하였다. 우선 영광에 주둔하던 무렵 농민군의 수는 날로 늘어났고, 5리마다 복병을 두었으며 30리 거리마다 2천 5백 명씩을 배치하였다. 농민군의 수는 날마다 증강되어 하루에 늘어난 수가 몇 천 명이 되는지도 알 수 없다고 하였다. 또 사방에서 농민군을 추종자하는 사람들이 구름처럼 모여들어 각처를 왕래하고 지역간의 서신 왕래도 활발해졌다.

이와 같이 농민군이 영광에 주둔해 있을 무렵 농민군의 수는 크게 증가하여 무장기포 당시의 세 배가 넘는 1만 2,000명~1만 4,000명에 이르렀다. 이렇게 해서 그 세력이 크게 강화되자 농민군은 무장기포 이후 처음으로 창의소 명의로 자신들의 봉기 목적을 천명하는 통문을 써서 4월 16일 완영(完營)의 유진소(留陣所) 앞으로 보냈다.

통 문

우리들의 금일 의거는 다른 뜻이 있는 것이 아니라 탐관오리로 하여금 허물을 고쳐 스스로 혁신하게 하는 일과 국태공(國太公)으로 하여금

감국(監國)하게 하여 위로는 종사를 보전하고 아래로는 백성들을 편안
케 하여 부자간의 천륜과 군신간의 대의(大義)를 온전히 하면 난신적자
(亂臣賊子)는 자연히 그 자취를 감추게 되어 감히 국가에 해독이 되지
못할 것이다. 말은 다만 여기서 그만둘 따름이다.

창의소(倡義所) 갑오 4월 16일

(『수록』에 「靈光上送彼類通文」으로 소개되어 있다)

이 글은 농민군 측이 당시 전주에 있던 초토사에게 보낸 최초의 통문
이다. 자신들이 봉기한 뜻은 탐관오리의 축출에 있음을 다시 강조함과
동시에 대원군의 감국(監國)을 처음으로 주장하였다. 이와 같이 영광에
주둔하며 전열을 가다듬고 자신들의 주장을 천명한 농민군은 경군이
계속하여 내려온다는 소식을 듣자 반은 영광에 남고 반은 함평으로 향하
였다.

농민군은 4월 16일 오전 8시경 영광을 출발하여 오후 4시경 함평에
도착하였다. 깃발을 들고 총을 쏘며 들어와 곧장 동헌으로 쳐들어간
농민군은 이교, 노령(奴令) 및 수성군 등 150여 명이 관문에서 그들을
방어하자 관문을 파괴하고 동헌으로 난입하였다. 이에 앞서 각 면의
사민들 1백여 명이 농민군이 들어온다는 말을 듣고 미리 와서 모여 매일
동헌에 들어와 지키고 있었다.

농민군은 이들에게 "우리는 한편으로는 탐관오리를 징계하고 또 한
편으로는 읍폐민막(邑弊民瘼)을 바로잡음으로써 보국안민하기 위하여
각 읍을 두루 다니는 길에 이 고을에 들어오게 되었다"라고 자신들의
봉기 이유를 밝혔다. 이들은 각 관아 건물에 나누어 머물면서 읍내의
부자들로부터 군량미를 거두어들였고, 민가에 나누어 들어가 취사하였

다. 이어 공형들을 잡아다가 자기들을 영접하지 않고, 관공(官供)하지 않았다는 이유로 큰 곤장으로 5대씩 때린 후 이들에게 관곡을 축낸 이서[吏胥]들의 성명과 각종 문서를 거두어 오게 하였다.

함평에 주둔하면서 진세를 펼치고 기예를 과시하기도 하던 농민군은 영광에 이어 여기에서도 2통의 통문을 작성하여 나주 공형과 초토사에게 띄웠다. 4월 18일에는 나주 공형에게 통문을 보내 자신들이 봉기한 목적을 밝혔다. 그 내용의 대강은 4월 16일 초토영에 보낸 통문과 같으나, 자신들이 여러 고을을 순회하는 목적이 "탐관을 징치하고 청렴한 향리들을 포상하며, 이폐민막(吏弊民瘼)을 바로잡고 전운영의 폐막을 영구히 혁파하려"는 데 있다는 내용이 추가되어 있다. 또 자신들의 뜻이 이러함에도 불구하고 나주목사가 각 읍에서 병사를 모아 공격을 하였기 때문에 무고한 이민들만 다치게 되었음을 탓하는 한편 "광주와 나주 사이에 피가 흘러 강을 이룬다"는 고결(古訣)과 "광주와 나주의 땅에 인적이 영영 끊이게 된다"는 도선(道詵)의 말을 거론하여 위협하면서 각 읍에서 모군한 병사들을 모두 귀농시키고 수감된 교도들을 석방시키면 나주를 공격하지 않을 것이니 곧바로 회답을 달라고 요구하였다.

4월 18일에는 함평에 있던 농민군 가운데 일부로 보이는 7천~8천여 명이 무안 접경을 넘어가서 하루를 자고 이튿날 나주 쪽으로 향해 갔다. 그러나 농민군들은 나주로 곧바로 향하지 않고 다시 함평으로 돌아왔고, 함평의 농민군은 4월 19일 초토사에게 글을 올렸다.

그 내용의 대략은 다음과 같다.

"방백(方伯)과 수령들이 선왕(先王)의 법으로 선왕의 민들을 다스리지 않고 탐학만 일삼아 삼정(三政)을 문란케 하고, 전운사와 균전관이 농간을 부리고 각사(各司)의 교예배(校隸輩)들이 토색하는 것이 극심하여 민들이 살아갈 길이 없다. 이에 민들이 수령과 감사에게 호소를 해보았지만, 적당(賊黨)이라고 지목하며 병대로 공격하여 살육만 하니 부득이 오늘의 거사를 일으키게 되었고, 무장한 것도 자신들의 몸을 지키기 위해서일 뿐"이라고 밝혔다. 이어 전국의 백성들이 서로 논의하여 위로는 국태공(國太公)을 받들어 감국(監國)하게 하여 부자의 인륜과 군신의 의리를 온전히 하고, 아래로는 백성들을 편안케 하여 종사를 보전하자는 주장을 제시하였다. 이 글 가운데 다음과 같은 8개 조항의 민막이 제시되어 있다.

1. 군전을 수시로 법에 정해진 것보다 많이 거두는 것
2. 환곡을 원곡까지 독촉하여 징수하는 것
3. 이름없는 세목을 추가하여 거두는 것
4. 각 가호에 각종 호역을 날마다 중복되게 부담지우는 것
5. 세금 못 내는 사람들의 몫을 그 인척들에게 끊임없이 배정하여 거두는 것
6. 전운영에서 규정보다 많은 것을 독촉하여 거두는 것
7. 균전관이 결세를 농간질하는 것
8. 각 관아의 교예배(校隸輩)들이 혹심하게 토색질하는 것

함평, 무안 일대에서 5일간이나 주둔해 있던 농민군은 경군이 추격해 온다는 소식을 듣고 4월 21일 오후 2시경 함평을 떠나 장성·나주 쪽으로 향하였다. 원래 나주를 목표로 진격하였으나 농민군은 방향을 바꾸어 장성으로 진군하였다. 4월 21일 장성 월평리에 도착한 농민군은 삼봉(三

峰) 아래 있는 황룡촌(黃龍村)에 진을 쳤다. 4월 23일 오후 2시경에는 대관(隊官) 이학승(李學承)이 거느리는 경군과 싸워 이학승을 전사시키고 크르프포 1좌(坐), 회선포(回旋砲) 1좌와 화약 등을 빼앗았다. 경군과 최초로 접전을 벌이고 이들을 격파한 장성전투는 농민군의 의식성장에도 중요한 계기가 되었다.

이미 복합상소 시기에도 범궐의 움직임이 있었고, 보은집회 때도 선무사 어윤중이 이끌고 온 경군에 맞서 싸우려는 부류도 있었다. 또 무장봉기에 참가한 농민군들 가운데는 교조신원운동 등을 통해 스스로를 변혁 주체로 자각해 가던 부류도 적지 않았다.

그러나 농민군들의 대체적인 의식 수준은 "스스로를 지키는 데 불과하였고 감히 드러내 놓고 관군과는 대적하지 못"거나 "군대가 내려가면 곧바로 귀순하는" 형편이었다. 장성전투 이전까지만 하여도 농민군 일각에서는 "우리들은 다만 역적의 병사들만 적대시하였습니다. 그런데 어찌 감히 국왕의 명령을 받은 경군(京軍)에게 저항했다고 하십니까"라고 하며 국왕의 명령에는 복종하고 주상의 군대, 곧 경군과의 대결을 의식적으로 피하려는 모습을 보여주었다.

장성전투의 승리는 이러한 농민군의 의식에 변화를 가져와서 이 때부터 국왕이 파견한 군대까지도 "가볍게 여기는 마음이 생겼다"고 하였다. 농민군이 전주성을 재차 공격하기로 결심한 것도 이 무렵이었을 것으로 보인다. 또 이 때부터 "읍촌마다 내응하지 않은 곳이 없었다"라고 할 정도로 호응하는 지역이 많아졌다. 각 읍의 수령들은 모두 겁을 먹었고, 이미 4월 7일에 있었던 황토현 전투에서 감영의 군대가 농민군에 크게 패배를 당한 이후 겁을 먹고 있던 경군의 사기도 땅에 떨어졌다. 그 때문에 초토사 홍계훈은 병사를 거두어 전주성으로 후퇴하지 않을 수 없었다.

장성전투에서 승리를 거둔 농민군은 경군이 다시 습격한다는 소문을 듣고 4월 23일 노령을 넘어 정읍 쪽으로 향하였다. 전주를 향하여 진격하기 시작한 것이다. 그 사이 어딘가에서 하루를 숙영한 농민군은 24일 정읍에 들어갔다. 정읍에 들어간 농민군은 초토영 운량감관(運糧監官)인 김평창(金平昌)의 집에 난입하여 가산을 파괴하고 돈과 곡식과 의복을 모두 탈취하였다. 농민군들은 이것을 혹은 팔기도 하고 혹은 비축해두기도 했다.

이어 25일 정오 무렵에는 원평으로 향하였다. 농민군은 원평에서 국왕의 효유문을 가지고 온 이효응(李斅應)과 배은환(裵垠煥)을 살해하였다. 이동 거리로 미루어 농민군은 아마도 원평에서 하루를 숙영하였을 것이다. 그 다음 날 금구를 거쳐 전주에서 30리 정도 떨어진 두정(豆亭)에서 하루를 더 숙영한 뒤 4월 27일 오전 10시경에는 전주성을 함락하였다. 전주성을 점령하기에 앞서 농민군 측에서는 수백 명의 농민군을 상인으로 위장시켜 성 안으로 투입시켰다. 성문은 이렇게 위장해서 들어간 농민군, 그리고 농민군과 내통한 관속들에 의해 안에서 열렸다. 감사 김문현은 달아났고 전주성이 함락되는 시각 초토사 홍계훈은 영광에서부터 계속 농민군의 꽁무니를 쫓아다니다가 태인현에 도착해 있었다.

전주성을 점령한 농민군은 엄격한 규율을 유지하며 성내 주민들을 위무하였다. 길에서 부녀자가 혹시 넘어지는 일이 있더라도 자신의 손으로 직접 부축하지 않고 길가의 아동들에게 부축하여 일으켜 주도록 하였다. 특히 농민들을 위로하고 타일러 부지런히 농사를 짓고 모내기할 때를 놓치지 말라 하였다. 이에 따라 전주성을 점령한 날 오후에는 성내 장시에 사람들이 평상시와 마찬가지로 왕래하였고 온 성안의 주민들이 화합하였다고 하였다.

제2차 세몰이와 호남 서남부 지역의 변화

3월 20일 무장에서 일어난 농민군이 전주성을 점령할 때까지 세몰이를 한 과정은 아래와 같다.

무장(3/20) – 고창(3/20~21) – 홍덕(3/22) – 부안·정읍 – 고부(3/23) – 고부·태인(3/24) – 금구·원평(3/25) – 고부·백산·예동 – 태인 용산면 화호리(3/26~28) – 태인(3/29) – 원평(4/1) – 금구(4/2) – 태인 인곡면 북촌 용산·부안 부흥역(4/3~5) – 고부 도교산 황토현(4/6) – 정읍 삼거리(4/7) – 홍덕 – 고창(4/8) – 무장(4/9~11) – 영광(4/12~15) – 함평(4/16~17) – 무안 삼내면(4/18) – 함평(4/19~20) – 장성(4/21~22) – 갈재에서 정읍 사이(4/23~24) – 정읍 – 원평(4/25) – 두정(4/26) – 전주성(4/27)

이러한 과정은 크게 두 시기로 나누어볼 수 있다. 첫 번째는 무장기포 이후 고부, 금구, 태인 등지를 석권한 뒤 첫 번째로 전주성 공격에 나서 금구까지 진격하였다가 후퇴하는 4월 2, 3일까지의 제1차 세몰이 시기다. 이 무렵 농민군의 수는 무장기포 당시보다 2천, 3천여 명이 불어난 6천, 7천 명이었으나 아직 전주성을 공격하기에는 미흡하였다. 또 농민군이 가담한 지역도 교조신원운동 무렵부터 지역간의 조직적 연계가 일정하게 이루어진 무장, 고부, 태인 등 몇몇 지역으로 제한되어 있었다.

 그러나 황토현 전투에서 감영군을 격파하면서 시작된 제2차 세몰이 시기에는 농민군 주력부대뿐만 아니라 전라도 다른 지역에서도 농민군의 움직임이 점차 활발해졌다. 4월 7일에는 동복에서 농민군들이 일어나 군기와 관곡을 탈취하였고, 9일에는 옥과에서 수천 명이 관아로 쳐들어가 현감을 결박한 다음 군기 및 관곡(官穀)을 탈취하여 정읍으로 갔다고 하였다. 4월 16일 일본공사 스기무라(杉村濬)는 "무장, 정읍, 영광, 장흥, 태인, 옥과 등지에 주둔해 있는 동학도들은 매일 진법을 연습하고 밤이면 경문(經文)을 읽는다. 이들은 합하여 5, 6천여 명이"라고 하였다. 전주 함락 이전부터 강진에도 농민군들이 모여 있었다. 이와 같이 장흥, 강진, 옥과, 동복 등 농민군 주력부대가 거쳐 가지 않은 남부지역에서도 농민군의 움직임이 나타나고 있었음을 알 수 있다.

 한편 농민군이 전주성을 점령하기까지 초토사 홍계훈(洪啓薰)은 농민군의 꽁무니만 따라다녔다. 4월 6일 오후 4시경 군산에 도착하여 임피에서 하룻밤을 자고 4월 7일 저녁 8시경 전주에 도착하였다. 그러나 전라감사와 함께 기생을 끼고 술판을 벌이는 등 성 안에만 들어앉아 있다가 4월 18일부터 출전하였다. 4월 18일 오전 8시경 영광 방면으로 출발하여 12시경 금구에 도착하고, 오후 6시경에는 태인에 도착하여 이 곳에서 유숙(留宿)하였다. 19일 8시경 태인에서 출발하여 12시경에 정읍에 도착하여 하루를 자고, 20일 8시경 정읍을 출발하여 21일 영광에 도착하여 유숙하였다.

 여기서 홍계훈은 농민군이 순창, 담양, 나주 등지로 가려고 한다는 소식을 듣고 추격하여 함평으로 가려 했으나, 장성에서 대관 이학승이 이끄는 경군이 농민군과 접전하여 패하자 크게 위축되었고, 감영이 함락

당할 우려도 있어서 25일에 회군하여 전주로 향하였다. 25일 8시경 영광을 출발하여 고창에 도착하여 하루를 묵고, 26일 8시쯤 고창에서 출발하여 정읍에 도착하여 유숙하였다. 27일에는 태인에 도착하여 점심을 먹은 후 출발하여 원평에 도착한 다음 국왕의 윤음과 내탕금을 가지고 내려온 이효응과 배은환이 살해된 현장을 목도하였으며, 저녁 늦게 금구에 도착하여 유숙하였다. 이 날 농민군은 전주 삼천에 주둔하다가 오후에 전주성을 함락하였다. 전주성 함락 소식을 들은 홍계훈은 4월 28일 12시경 전주 용머리고개[龍頭峴]에 도착하였으며, 완산(完山) 위에 진을 치고 농민군과 대치하였다.

제2차 세몰이 시기에 호남 서남부 지역에서는 무안·영광·함평·나주 지역에서도 농민군이 활발하게 활동했다. 우선 두 번째 세몰이의 결과 농민군 세력이 강화되어 주력부대가 영광과 무안 일대에서 주둔하던 4월 15일경 농민군의 수는 무장기포 당시보다 3배 이상에 달하는 1만 2,000 내지 1만 4,000명 정도였다. 가담하는 농민군의 수가 점점 불어나자 농민군 진영에서는 짚을 모으고, 모래와 흙으로 성첩(城堞)을 보수하고 운반해 온 양식을 비축하였다. 이러한 행동은 농민군이 영광을 하나의 근거지로 삼으려는 계획에서 나온 것으로 보인다. 또 이 무렵 불어난 농민군 가운데는 지배층의 탐묵과 학정을 더 이상 견딜 수 없어 가담한 자들도 있었지만, 불평을 품은 자, 동학이라는 이름에 현혹되어 입당한 자, 각지의 무뢰배 등도 있었다.

이에 따라 농민군 지도부는 영광과 무안 일대에 주둔할 무렵 농민군 규율을 단속하는 두 종류의 행동준칙을 내렸는데 그 내용은 다음과 같다.

적을 대할 때의 약속(對敵時約束) 4개 항

1. 매번 대적할 때 병사가 칼에 피를 묻히지 않고 이기는 것을 최고의 공으로 삼는다(每於對敵之時 兵不血刀而勝者 爲首功).
2. 부득이 전투를 하더라도 절대로 인명을 살상하지 않는 것을 귀하게 여긴다(雖不得已戰 切勿傷命 爲貴).
3. 매번 행진하여 지나갈 때 다른 사람의 재산을 해치지 않는다(每於行進 所過之時 切勿害人物).
4. 효·제·충·신한 사람이 사는 촌락으로부터 10리 이내에는 주둔하지 않는다(孝悌忠信人所居之村 十里內勿爲屯住).

12개 조 계군호령(戒軍號令)

1. 항복한 자는 받아들여 대우해준다(降者受待).
2. 곤경에 처한 자는 구제해준다(困者救濟).
3. 탐묵한 관리는 쫓아낸다(貪者逐之).
4. 공순한 사람에게는 경복한다(順者敬服).
5. 도망가는 자는 추격하지 않는다(走者勿追).
6. 배고픈 자에게는 음식을 먹인다(飢者饋之).
7. 간활한 자는 그 짓을 못하게 한다(奸猾息之).
8. 가난한 자는 진휼한다(貧者賑恤)
9. 불충한 자는 제거한다(不忠除之).
10. 반역하는 자에게는 효유한다(逆者曉諭).
11. 병든 자에게는 약을 준다(病者給藥).
12. 불효한 자는 죽인다(不孝殺之).

위의 조항은 우리들이 거행(擧行)하는 근본이다. 만약 명령을 어기는 자가 있으면 지옥(地獄)에 가둘 것이다.

위에서 제시한 농민군의 행동준칙에 담긴 정신은 다음의 세 가지로 요약된다. 첫째, 인명을 존중하고 가난하고 약한 사람을 도와주는 인도주의적 정신, 둘째, 유교적 충효정신, 셋째, 탐관오리에 대한 반감 등이 그것이다. 특히 「약속 4개 항」에는 인명을 중시하는 내용(1, 2항)이 주목되며, 「12개 조 계군호령」에는 가난하고 약한 자를 배려하는 내용(2, 6, 8, 11)이 두드러진다. 이는 전봉준이 동학농민혁명을 일으킬 때 내세운 "가난하고 곤궁한 사람들을 구제한다[拯貧濟窮]"는 정신과도 맥락을 같이한다.

이와 같이 농민군 지도부는 4개 조의 「적을 대할 때의 약속」과 12개 조의 「계군호령」을 내려 내부규율과 결속을 재정비하는 한편, 4월 16일에는 초토사에게 자신들의 봉기 목적을 천명하는 글을 처음으로 띄웠던 것이다. 이러한 과정을 거치며 불어난 농민군의 수는 전주성 점령 당시 약 2만~3만여 명에 이르렀다.

영광에 주둔하던 농민군 가운데 일부는 4월 14일 법성포를 공격했다. 법성포에는 전라도 27개 고을의 세미를 보관하던 법성창이 있었다. 때문에 농민군은 법성창의 곡식을 탈취하여 군량으로 쓰려고 했던 것으로 보인다. 마침 전운선 한양호가 세곡을 실어내려고 법성포에 들어오자 농민군들은 화승총·창검·죽창을 들고 뛰어올라 전운국원 김덕용(金德容)과 일본인 항해사 나가노(永野源次郎), 기관수 도쿠나가(德永淺次郎) 등 5명을 새끼줄로 동여매고 끌고 다니며 폭행을 가하였다. 또한 농민군은 법성포의 객주나 여각을 습격하기도자 하였다. 이 곳의 객주와 여각 주인은 일본상인과 거래하며 일본산 잡화나 석유 등을 비싸게 팔고 쌀은 헐값에 사서 실어 나르는 중간 역할을 하던 존재였다. 농민군이 이들을 공격한 것은 바로 그러한 사정 때문이었다.

한편 영광에 주둔하던 농민군 가운데 일부는 무안으로 진격하여 하룻밤을 유숙하였던 것으로 보인다.『주한일본공사관기록』에 보면 "동학도들은 세 부대로 나누어 한 부대는 영광에 주둔하고, 한 부대는 무안군에 주둔하고, 한 부대는 함평에 있으면서 서로 합세하여 성원하고 있다"라고 4월 21일자로 보고하고 있고, 또 같은 날 전라감사의 전보 내용에는 "무안현 삼내면(三內面)에 있는 동학도 7천~8천 명은 절반은 말을 타고 절반은 보행을 하면서 몸에는 갑옷을 입고 투구를 썼으며 제각기 긴 창과 큰 칼을 가지고 다닙니다. 그들은 18일 하룻밤을 머무른 뒤에 나주로 갔습니다"라는 무안군의 보고가 들어 있다. 이는 4월 18일 함평에 있던 농민군 가운데 일부가 무안 접경을 넘어가 하루를 머물렀음을 의미한다.

농민군은 이 때 무안에서 하룻밤을 숙영하였으나 관군과 충돌하지는 않았던 것으로 보인다. 무안 지역의 농민군은 이미 백산대회에도 가장 많은 지도자급 인물이 참가할 정도로 대거 가담하고 있었지만, 이 때에도 무안 지역에서 많은 농민군이 참가하였을 것으로 생각된다. 그것은 여기서 말하는 삼내면이 무안의 대접주 배상옥의 고향인 삼향면을 가리키는 것으로 보이기 때문이다. 배상옥은 자기가 태어나 살고 있던 삼향면 대양리(大陽里, 大朴山 북쪽에 있는 大月里 마을)에서 농민군을 규합하여 제1차 기포에 처음부터 가담하였으며, 농민군 본대가 영광 일대에서 진을 치자 이 지역의 농민군을 재차 규합하기 위해 무안에 들어와 하룻밤을 유숙하였던 것으로 보인다. 따라서 이 무렵에 무안이나 농민군 본대가 주둔하던 영광뿐만 아니라 인근 영암이나 해남 등지의 농민군도 많이 가담하였을 것이다.

다른 기록에 의하면, "배규인은 호남하도거괴(湖南下道巨魁)"라 하였고 "무안, 장흥 등지의 비괴들은 서로 왕래한" 것으로 되어 있다(『순무선봉진등록』). 이것은 배인규가 무안군 지도자일 뿐만 아니라 영광, 장흥, 해남, 강진 등지에도 영향을 끼친 지도자였음을 말해준다. 따라서 배규인은 무안의 농민군만이 아니라 호남 서남부 지역 여러 곳의 농민군도 함께 규합하였을 것으로 보인다.

무안 지역 농민군의 움직임이 활발해지자 전라병영에서는 농민군 세력이 호남 서남부 지역까지 확산되는 것을 저지하기 위해 부심하였다. 황현의 『오하기문』에 의하면 4월 20일경 전라병사 이문영은 전라도 각 군현에 포군을 징발하도록 하였는데 구례에서 50명, 광양·낙안·곡성·홍양에서 각 100명, 순천 150명, 창평·동북에서 각 50명씩 포군을 징발하여 그 중 200명을 무안성을 지키도록 파견하고 나머지는 병영을 지키도록 조치를 취하였다.

한편 4월 20일 함평을 떠난 농민군이 원래 공격하려 한 것은 나주였다. 앞서 언급하였듯이 농민군은 함평에 주둔해 있던 4월 18일 나주 공형에게 통문을 보내 자신들의 봉기 목적을 밝힌 바 있다. 그 내용 가운데에는 수감된 교도들의 석방 요구가 들어 있었다. 이는 나주목사가 농민군을 체포하여 가두어두고 있었기 때문이다. 나주목사 민종렬은 농민군 19명을 체포하였다고 했는데(「양호전기(兩湖電記)」 4월 11일자 전보), 당시 일본에서 발간된 신문에도 나주목사 민종렬이 4월 11일경 나주 인근 승안리(勝安里)에 농민군 수천 명이 둔취해 있자 이민을 이끌고 나가 공격하여 27명의 농민군을 생포하였다는 기사가 실려 있다(『시사신보(時事新報)』 5월 24일자 기사).

이러한 사태는 농민군들의 분노를 사서 이 때부터 농민군이 나주를 공격할 것이라는 소문이 나돌았다. 1894년 4월 13일(양 5월 17일) 전라 감사는 다음과 같은 전보를 서울로 보냈다.

> 동학군 몇 천 명이 나주로 갔다고 합니다. 그러므로 그 곳 목사와 인근에 있는 읍으로 공문을 보내 별도의 수비를 하도록 하였으나, 관청이 빈 곳이 많으니 답답하기만 합니다. (『주한일본공사관기록(駐韓日本公使館記錄) (1)』)

그러나 농민군이 나주로 진격하지 않고 장성을 공격한 것은 이 무렵 나주가 다른 지역에 비해 관군 측 병력이 상대적으로 강하였기 때문이다. 농민군들은 이미 영광에서부터 나주를 공격하려 하였으나, 이 때도 수비가 엄격한 것을 보고 함평으로 발길을 돌렸다고 하였다(『금성정의록(錦城正義錄)』).

7. 농민군 집강소 활동과 호남 서남부지역

「전주화약」이 체결되고 농민군은 전주성을 철수하다

전주성을 점령하고 있던 농민군은 5월 8일 관군 측과 이른바 「전주화약」을 맺고 철수하게 된다. 농민군이 「전주화약」을 맺게 되는 가장 큰 이유는 무엇보다 청일 양국 군대의 조선 출병이라는 예기치 못한 사태 때문이었다.

1882년 무렵부터 청일간의 전쟁을 예견하며 군사력 증강에 박차를 가하고 있던 일본 군부에서는 일찍부터 조선에 대한 침략계획을 세워두고 조선을 수중에 넣을 기회만을 노리고 있었다. 이미 1888년 1월 야마가타(山縣有朋) 수상의 「군사의견서」에는 시베리아 철도가 개발됨에 따라 영국과 러시아 사이의 충돌은 필연적인데, 이 경우 러시아의 조선침략 저지를 정략으로 채택해야 한다는 점이 강조되어 있었다. 이어 아오키(靑木周藏) 외상에게 제시한 「외교책략론」에서는 조선반도가 일본의 "이익의 초점"이라고 규정하면서, 영·독과 연합하고 청일동맹을 맺어 조선을 공동보호 하에 두어야 한다고 주장하였다. 곧 조선을 자국의 영향력 하에 두어야 한다는 것이 당시 일본의 대륙정책의 출발점이고 핵심이었다(후지무라 미치오 지음, 허남린 옮김, 『청일전쟁』).

이를 위해 꾸준히 군비증강을 추진해 나가며 청국과의 일전을 준비하고 있던 일본에게 호기가 찾아들었다. 바로 1892년 말부터 조선에서 일어난 동학교도들의 집단적 움직임이고, 1894년의 동학농민전쟁이었다. 이미 메이지 유신 직후부터 조선에 대한 군사적 정보 첩보활동을 시작하였던 일본은 1893년 동학교도들이 교조신원운동을 일으키자 상인으로 변장한 일본군을 투입시키는 방식으로 특히 동학교도들의 동태를 탐지하는 정보활동을 활발히 전개해 왔다. 1893년 12월에는 곧 청일전쟁이 전개될 것을 예상하고 1893년 12월 23일 다음 해 5월에 실시할 계획이었던 일본군의 전시편성을 앞당겨 마무리하였다. 동시에 조선에 대한 정보 및 첩보 활동을 위해 군함 쓰쿠바(筑波) 호와 오시마(大島) 호를 조선으로 파견하여 동학농민전쟁이 일어나는 1894년 3월 말까지 조선의 도로, 조선에 있는 서양 각국의 선박, 평안도와 황해도 지방의 상황 등 광범위한 분야에 걸친 첩보 및 정보 활동을 추진하였다.

　이 때 일본군은 조선정부가 1892년 10월부터 준비하여 1893년 10월 경에 개교하였던 강화 갑곶 진해루(鎭海樓)의 해군군사학교를 1894년 1월 15일과 2월 15일 두 차례에 걸쳐 정탐하고 그에 대한 상세한 정보는 물론 군사학교의 정확한 도면까지 확보해두고 있었다. 이 때 일본군에 탐지된 내용은 해군학교의 위치, 편제, 최초의 입학 생도수, 교육 내용, 생도의 복장 등이었다. 이러한 정보를 기초로 1894년 6월 21일 경복궁을 무력으로 강제 점령한 일본은 그 다음 날 조선 군영(軍營)들 가운데 가장 먼저 해군학교를 지휘하던 총제영(總制營)을 없앴다.

　1894년 3월에 발발한 동학농민전쟁은 바로 일본이 기다리던 조선침략과 청일전쟁을 도발할 수 있는 기회를 제공해줬다. 조선을 확보하기 위해 기회를 노리고 있던 일본은 조선에서 동학교도들의 움직임을 예의 주시하며 조선 출병의 빌미를 찾고 있었다. 그러던 중 조선정부가 농민군을 진압하기 위해 청나라에 원병을 요청하자 일본은 재빨리 조선에 대규모 군대를 파견하였다.

　청나라에 대한 원병 요청문제는 이미 1893년 3월의 보은집회 때에도 국왕에 의해 제기된 바 있었으나 대신들의 반대로 성사되지는 않았다. 1894년 3월 동학농민전쟁이 일어난 이후 조선정부의 주요 인물들 가운데서 청나라에 원병을 요청하자는 주장을 처음으로 제기한 것은 초토사 홍계훈이었다. 4월 5일 오전에 군산항에 도착하여 6일에 상륙한 초토사 홍계훈은 막상 농민군과는 전투도 치러보지 못한 상태에서 어려움을 겪고 있었다. 홍계훈이 인솔하던 경군들 가운데는 군산에 상륙한 이후 도망하는 자가 속출하여 군산에 도착한 지 일주일 정도 지난 4월 12일 경에 이미 그 수가 원래의 700명에서 470명 정도로 줄어들어 있었다.

또 지방의 병사들은 물론 도망한 중앙의 군대까지 농민군에 합세하기도
하였다.

이에 따라 4월 12일 홍계훈은 민영준(閔泳駿)으로 추정되는 정부 요
로의 인사에게 청나라에 원병을 요청할 것을 제의하였다. 홍계훈의 요청
을 받은 민영준은 4월 13일 국왕에게 청나라에 군대파병[援兵]을 요청하
도록 제의하였다. 이에 국왕은 14일 새벽 대신들을 모아 회의를 열었으
나 대신들이 여기에 반대하였다. 당시 대신들이 반대한 명분은 첫째,
나라의 근본은 백성인데 몇 만 생령(生靈)을 죽이는 일이 되기 때문이고,
둘째, 외국 군대가 일단 국내 경향에 들어오면 폐단이 미치지 않는 데가
없고 인심이 흔들릴 것이며, 셋째, 외국 군대가 국내에 들어오면 각국
공사가 반드시 출병하여 각기 공관을 지킬 것이니 쉽게 알력이 생길
것이라는 이유였다. 타당한 이유였다.

그러나 청국에 원병을 요청하자는 주장은 4월 19일 홍계훈에 의해
다시 한 번 제기되었다. 민영준은 이후 청군 원병 문제를 당시 한국에
주재하고 있던 위안 스카이(袁世凱)와 여러 차례 논의하였으며, 4월 29
일에는 청병을 요청하는 공문이 이미 완성되어 있었다. 4월 30일 밤에는
전임 및 현임 대신회의[時原任大臣會議]를 열어 청나라에 원병을 요청
할 것을 결정하고 이 같은 조선정부의 뜻을 위안 스카이에게 공식적으로
전달하였다. 이에 따라 5월 5일 오후 6시경 써쓰청(聶士成)이 지휘하는
청군 910명이, 5월 6일과 7일에 걸쳐 예쯔차오(葉志超)가 이끄는 1,550
명이 아산만에 도착하였고, 5월 21일에는 400명이 추가로 아산만에 도
착하여 모두 2,865명의 병력이 출병하였다(일본참모본부 편찬,『메이지
(明治) 27 · 8년 일청전사』1권).

한편 언제라도 파병할 수 있도록 만반의 준비를 갖추고 있던 일본에 서는 4월 16일 참모총장이 포병 소좌 이지치 고스케(伊地知幸介)를 부산 으로 파견하여 재부산 일본영사관의 무관 및 총영사 등과 협의하고 재경 성 대리공사 스기무라 후카시(杉村濬)와 통신을 통해 농민전쟁 상황을 파악한 후 4월 26일 도쿄로 돌아갔다. 이어 조선이 청에 원병을 요청할 것이라는 소식을 접하자, 4월 29일에 열린 임시각의에서 중의원을 해산 한 다음 "만약 중국이 조선에 군대를 파견하는 것이 사실이라면 어떤 명분을 쓰더라도 우리나라도 반드시 군대를 파견해야 한다"는 무쓰(陸 奧宗光) 외상의 출병결의안을 채택하였다.

이 때 일본은 임오군란이나 갑신정변 때처럼 청국에게 승기를 제압당 해 실패를 자초하는 치욕을 당하지 않기 위해 청국보다 많은 병력을 동원해 신속히 서울에 진입한 후 청군을 저지한다는 강경한 방침을 정하 였다. 이어 조선정부가 공식적으로 청에 원병을 요청한 것보다 하루 빠른 4월 29일 일병의 조선출병에 대한 일본 천황의 재가가 떨어졌다. 이 날 밤 무쓰(陸奧宗光) 외상과 하야시(林董) 차관은 가와카미(川上操 六) 참모본부 차장을 관저로 불러 청국군 병력은 5,000명이 넘지 않을 것이지만, 일본이 필승을 거두기 위해서는 6,000~7,000명의 병력이 필 요하다는 결론을 내렸다.

4월 30일에는 주한일본대리공사 스기무라 측에서 위안 스카이를 찾 아가 청나라의 출병 여부를 묻고, "만약 반란의 무리가 전주를 진격한다 면 서울이 심히 위험하다"면서 암암리에 청국의 출병을 부추겼다. 이어 5월 2일에는 참모본부 내에 대본영을 설립하는 것에 대해 천황의 승인 이 떨어졌다. 5월 4일에는 천진조약 제3조 공동출병 규정에 의거하여 청국 측이 청병 출병을 통보해 오자 일본도 즉각 공관과 거류민 보호를 내세워 출병 사실을 청국에 통고하였다.

일본은 5월 7일부터 일본군을 인천에 상륙시키기 시작하여 5월 15일까지 5,000여 명의 군대를 상륙시켰고, 6월 8일에는 인천항에 파견된 일본군의 규모가 약 9,300명에 이르렀다. 일본군의 조선 출병 명분은 조일관계 면에서는 1882년에 체결된 제물포조약 제5항, 곧 "일본공사관은 병사 약간을 두고 경위(警衛)한다"는 조항, 청일관계의 면에서는 1885년 체결된 천진조약 제3항, "청·일 양국 혹은 양국 가운데 한 나라가 조선에 군대를 파견할 때는 그에 앞서 서로 문서로써 통지해야 한다"는 조항에 근거한 것이었다. 그러나 그 어느 조항도 일본군의 조선출병에 대한 법적 근거가 되기는 어려웠으며, 더구나 1만여 명에 육박하는 규모는 일본 공사관과 거류민을 보호한다는 명분에 비추어본다 해도 터무니없는 병력이었다.

일본정부는 5월 4일 오후 주한 일본공사에게 조선 외무독판을 만나 1882년의 제물포조약에 따라 다시 일본공사관에 호위병을 둘 것임을 통보하게 했다. 일본은 5월 6일 일본공사관의 보호를 구실로 해군 육전대 488명과 순사 20명을 인천에 상륙시키고, 일본공사 오토리(大鳥圭介)는 이들을 이끌고 저녁 7시경 남대문으로 입경하였다. 포대는 수로를 통해 그보다 앞선 오후 5시경에 입경하였다.

그런데 조선정부에서는 농민군의 전주성 입성 이후 점차 관군이 우위를 확보하게 되자 이미 아산만에 도착해 있던 청나라 군대에게 상륙하지 말 것을 요청하는 한편, 일본군에 대해서도 철수를 요구하였다. 특히 홍계훈이 5월 3일의 승전보와 청국 군대의 도움 없이도 농민군을 진압

할 수 있다는 정보를 전해오자 청일 양국 군대의 철수를 적극 요구하게 되었다. 정부에서는 5월 4일 밤 청국군의 상륙을 중지해줄 것을 청국정부에 전신으로 요청하였고, 5월 6일에도 위안 스카이에게 청국군의 상륙을 보류해줄 것을 재차 요청하였다.

한편 일본 측에 대해서는 5월 5일 외무독판 조병직이 일본공사에게 5월 3일에 있었던 전주성 전투에서 관군이 승리한 사실을 알리는 홍계훈의 전문을 제시하며, 일본군의 파병을 중지해줄 것을 요청하였고, 이후 5월 20일경까지 거듭 일본군의 철수를 요청하였다. 특히 5월 7일에는 "도하의 인심이 매우 안정되어 있음"을 강조하며, 제물포 조약 제5항의 내용이 "난시에나 사용할 수 있는 것이며 무사한 때는 사용할 수 없다"는 점을 지적하며, 철병을 거부하는 일본의 태도는 경성을 험지로 몰아넣으려는 속셈으로밖에 볼 수 없다고 통박하였다.

이에 대해 일본공사는 일본군의 파병이 1882년에 체결된 제물포조약의 제5항 "주둔병을 파견하여 경비한다"는 데 따른 것이나, 제물포조약에 의한 파병은 조선정부에 알리기만 하면 될 뿐 조선정부의 재가를 받아야 하는 것이 아니며, 난시 여부는 일본 측에서 판단할 문제이므로 조선정부가 간섭해서는 안 된다고 주장하며 철병을 거부하였다. 급기야 5월 10일에는 기왕에 경성에 주둔하고 있던 일본해군 병력 488명을 인천으로 보내는 대신 그 두 배가 넘는 육군병력 1,050명을 경성에 주둔시켰다.

5월 12일에는 2,700명의 추가 병력이 인천항에 도착하자 5월 15일 조선정부에서는 일본군의 수가 청나라 군대보다 많은 4천~5천 명에 달하고 아산에 있는 청나라 군대와 대치하듯이 살벌한 분위기를 형성하고 있음을 지적하였다. 이 때 이미 조선정부에서도 일본의 의도가 청국과의 전쟁 개시에 있다는 점을 간파하고 있었음을 보여준다. 그러나 일본공사관에서는 5월 19일에도 "남비(南匪)를 이미 평정하여 도하(都下)가 안정되었다"는 말을 끝내 믿을 수 없다면서 철병을 완강히 거부하였다. 청국 군대 역시 조선정부의 상륙 반대에도 불구하고 5월 6일 아산에 상륙하였다.

이와 같이 청일 양국 군대의 출병으로 자칫 조선이 청일 양국 군대의 전장터가 될 조짐이 보이자 정부에서는 양국 군대의 철병을 요구하기 위해서라도 농민군이 진압되었음을 보여주어야 했고, 따라서 서둘러 농민군 측의 강화요청에 응할 수밖에 없었다. 결국 초토사 홍계훈은 농민군이 요구한 폐정개혁안을 조정에 보고하겠다고 약속하여 농민군을 무마시킨 다음 퇴로를 열어주고 물침표를 제공함으로써 농민군을 해산시켰다.

농민군도 사정이 절박하기는 마찬가지였다. 전주성 점령 후 관군의 수가 날로 증가되면서 전주성의 농민군은 사실상 관군에게 포위당하는 상황이 되어 오히려 수세적 입장에 처하게 되었다. 특히 5월 3일에 벌어진 전투는 관군 측의 대승리로 끝나면서 전세는 결정적으로 바뀌게 된다. 이 전투는 관군 측을 대단히 고무시킨 반면, 이미 동요하고 있던 농민군 진영에 치명적인 타격을 주었다. 무엇보다 중요한 것은 청일 군대의 출병 사실이었다.

전주성을 점거하고 있던 농민군이 이러한 사정, 특히 일본군의 출병과 동향에 대해 알고 있었는지는 불분명하다. 그러나 청나라 군대의 출병 사실은 농민군 측에도 알려졌다. 병력의 규모나 동태 등에 대한 정보가 정확한 것은 아니었지만, 청국 군대가 농민군을 진압하기 위해 출병하였다는 것 자체는 농민군 진영으로도 전해졌으며, 이는 전주화약에도 중대한 영향을 미쳤다. 이미 4월 7일에는 초토사의 군대를 따라 청나라 정탐원 서방걸(徐邦傑) 등이 전주에 도착하였으며, 이에 따라 4월 10일을 전후한 무렵부터 전주에는 청나라 수병이 군산에 상륙하여 농민군의 뒤를 덮칠 계획이라는 풍문이 나돌았다.

4월 17일에도 전황을 살피기 위해 청국군 십수 명이 대환포(大丸砲) 4좌 등을 가지고 홍계훈의 경군을 따라 전주성에 도착하였고, 4월 18일에는 청국 병대 1천여 명이 부안포에 도착하였다는 소문이 나돌았다. 5월 5일 청국군이 아산에 들어온 직후 아산에 써쓰청의 고시문이 붙었고, 5월 7일에는 '창란(倡亂)한 토비'를 진압하러 왔다는 청국 제독 예쯔차오의 고시문이 전주성내에 나붙었다. 5월 8일에는 써쓰청의 고시문이 공주 영문과 아산에도 나붙었고, 청국 군대의 고시문은 농민군 진영에도 전해졌다.

이와 같이 5월 6일 청국 군대가 아산에 상륙하고, 5월 7일 오후에는 일본공사 오토리(大鳥圭介)가 군대를 이끌고 입경하는 등 사태가 긴박하게 돌아가자 5월 8일 농민군은 자신들의 요구안인 「폐정개혁안」을 국왕에게 전달해준다는 것을 조건으로 해서 전주성에서 철수하였다. 농민군 지도부로서는 청일 양국 군대의 출병으로 조선이 청일 간의 전장터로 변하는 최악의 상황은 막아야 했기 때문이다.

전주화약 직후 농민군 지도부는 각지에 통문을 띄워 "청국군이 물러간 뒤에 다시 의기를 들까 하니 각 군의 장졸들은 각별히 유념하여 명령을 기다리라"고 지시하였다. 전주성을 빠져나온 농민군 지도부가 가장 시급하게 여긴 과제는 철병, 특히 청군의 철수였다. 이에 따라 전주화약 직후 농민군의 동향을 보면 일부 농민군이 각지에 모여 있었으나 대체로 귀가하거나 평온을 유지하는 분위기였다. 전봉준도 소수의 농민군만 거느린 채 각지를 순회하며 농민군들의 귀가안업을 독려하는 한편, 폐정 개혁활동을 자신들이 직접 수행하기보다 순변사 이원회, 전라감사 김학진 등에게 자신들의 요구를 들어줄 것을 촉구하고 있었다. 그러나 이러한 상황은 청·일군의 출병이라는 위기를 맞은 조선정부가 전주에 파견되어 있던 경병(京兵)들을 서둘러 철수시키면서 일변하게 된다.

전주화약이 성립하여 농민군이 해산한 뒤 조선정부가 해결해야 할 가장 시급한 문제는 청·일 양국군의 철수였다. 이를 위해서는 청·일 양국군이 계속 주둔할 수 있는 빌미를 없애야 했고, 농민군들이 완전히 진압되어 전라도 일대가 안정되었음을 보여주어야 했다. 농민군이 전주성에서 철수한 직후 국왕은 윤음을 통해 폐정에 대한 경장(更張)을 다짐하는 한편, 탐관오리에 대한 엄벌, 집이 파괴된 농민들에 대한 진휼과 죽은 자들의 매장 및 그들이 생전에 체납하고 있던 군포와 환곡의 견감, 조세 감면, 탐관오리에 대한 징계 등을 약속하며 농민군들을 회유하였다. 또 농민군들이 완전히 해산하지는 않았지만, 농민군 진압이 완전히 끝났음을 보여주고, 청·일군의 입경에 따라 불안해진 서울을 지키기 위해 순병사(巡邊使) 이원회와 초토사에게 농민군의 안집(安集)은 전라감사 김학진에게 일임하고 귀경할 것을 명령하였다.

순변사 이원회가 기영병(箕營兵)을 이끌고 5월 18일, 초토사 홍계훈은 장위영(壯衛營) 병정을 이끌고 5월 19일 전주를 떠나 서울로 향하였다. 전주에 남은 병력은 심영병(沁營兵) 300명과 장위영 대포 2좌와 포대병, 청주병영의 군사 1대였다. 초토사와 순변사의 철수가 결정됨으로써 농민군에 대한 선무와 안집을 홀로 감당하게 된 감사 김학진은 초토사가 전주를 떠나기 직전 5월 20일 전후하여 농민군 측에 효유문을 보내 무장을 해제할 것과 조속한 해산을 촉구하며 6개 항의 수습방안을 제시하였다. 여기에는 관측에서 임명한 집강을 통해 농민군을 통제하려는 조항도 들어 있었다. 그러나 농민군은 김학진의 이러한 수습방안에 대해 비웃을 따름이었다. 오히려 외세의 개입이라는 정세변화에 따라 경군이 서둘러 철수함으로써 전라도 일대에서 관군 측의 군사력은 매우 취약해졌다. 전라도 곳곳에서 농민군의 활동이 본격적으로 활발해지기 시작한 것은 이 무렵부터였다.

집강소 시기 호남 서남부에서 농민군은 무엇을 고쳤는가

전주화약 이후 전주에서 해산한 농민군들은 각자의 고향으로 돌아가 폐정개혁활동을 전개하기 시작했다. 전주성을 점령해 있는 동안 청·일 양국군이 출병하자 전봉준은 양국 군대의 철병을 가장 시급한 과제로 인식하였다. 이에 따라 농민군에게 설분(雪憤) 행위를 금지시키고, 관군 측과의 물리적 충돌은 가급적 피하도록 지시하였다. 청·일 양국군이 더 이상 주둔할 명분을 주지 않기 위해서였다. 이를 위해 전봉준은 관민 상화(官民相和)를 내걸고 김학진과 서로 '상화(相和)'할 수 있는 가능성을 열어가고 있었다.

6월 7일경에는 전라감사 김학진과 전봉준 사이에 일정한 합의가 이루어져 각 지역에 집강소가 설치되었다. 이 때 김학진은 5월 20일경에 나온 수습안과 달리 각 고을에 집강을 두되 농민군 가운데서 집강을 선정하는 방안을 제시하였다. 이는 곳곳에서 농민군들이 사실상 읍권을 장악하고 있었고, 수령이 도망해버려 비어 있던 고을도 적지 않았던 만큼 관측의 힘만으로는 농민군에 대한 통제나 치안유지가 거의 불가능했던 현실적 사정이 반영되어 있었다. 따라서 농민군 측이 힘의 우위를 차지한 곳에서는 농민군 집강이 치안유지를 넘어 폐정의 개혁에까지 깊숙이 개입하거나 독자적으로 폐정 개혁활동을 펴는 것을 허용할 수밖에 없었다.

이에 따라 전봉준과 김개남은 농민군 집강소 활동을 통제하고 관리하기 위해 각 지방순회에 나섰다. 김개남은 6월 12일경부터 순창, 옥과, 담양, 창평, 동복, 낙안, 순천, 홍양, 곡성 등 좌도를, 전봉준은 6월 중순부터 장성, 담양, 순창, 옥과, 남원, 창평, 운봉 등 우도를 돌았다. 또한 전라 남동부 지역에는 영호 대접주 김인배를 순천으로 보내 지도하게 하였고, 남서부 지역은 무안의 배규인에게 지도를 맡겼다.

앞서 살핀 바와 같이 「전주화약」 이후 각자 자기 고을로 돌아간 농민군의 활동은 5월 20일경부터 다시 활발해지기 시작했지만, 농민군의 폐정개혁활동은 전주에서 퇴각한 농민군이 각기 자기 고을로 돌아올 때부터 예견된 것이기도 했다. 강진 유생 박기현은 전주성 점령에 가담했던 강진·장흥지역의 농민군이 돌아오는 모습을 다음과 같이 기록하고 있다(『일사(日史)』).

5월 23일 을축 맑음

들으니 일전에 동학농민군 3, 40명이 혹 총이나 창을 들고, 혹은 말이나 노새, 당나귀를 타고 촌민들에게 강제로 짐을 지게 하였는데, 전혀

거리낌이 없이 양양(揚揚)하게 행진하는 것이 마치 부귀한 사람이 고향
에 돌아오는 것과 같이 장흥 지경으로 들어왔다고 한다.

농민군들은 전라도 일대를 석권하고 전주성까지 장악하였다가 '화
약'을 맺고 귀향한 사실에 대해 고무되어 있었던 것으로 보인다. 이러한
분위기는 전라도 전 지역에 팽배해 있었고, 전주성을 점령했던 농민군이
각자의 고을로 귀향하기 이전부터도 농민군의 반봉건·반탐학적 분풀
이[雪憤] 활동이 나타나기 시작했다.

예컨대 무안에서는 전주화약 바로 다음 날인 5월 9일 농민군 수백
명이 모여 돈과 곡식을 약탈하며 여기저기서 난폭하게 행동하자 무안현
감이 다음 날 이민(吏民)들을 끌고 가서 30명을 체포하고 그들로부터
서책과 녹권(錄券), 염주, 예물 등을 몰수하여 보내왔다고 하였다. 당시
무안현감은 1893년 3월 보은집회 때 보은군수로 재임하였던 이중익(李
重益)이었다. 물론 동학 농민군이 "돈과 곡식을 약탈하거나 난폭한 행
동"을 한 대상은 대체로 악덕 지주나 고리대업자, 탐관오리들이었을
것이다.

5월 21일 무장에서는 농민군이 무덤을 파헤치거나 집을 파괴하는 일
이 일어났다. 5월 28일경에는 장성 백양사 근처에 모여 있던 농민군들이
10여 명 혹은 2, 30여 명씩 무리를 지어 각지를 횡행하며 부자들로부터
돈과 곡식, 총 등을 빼앗아갔으며, 4월에 감영에서 병사를 모을 때 응한
포수와 보부상 등을 죽이기도 하였다. 같은 날 담양에서도 500여 명의
농민군이 총창으로 무장하고 관아를 공격하였다. 또 6월 2일에는 정읍
쪽에서 담양으로 들어온 40여 명의 농민군이 수성청(守城廳)에 방화하

고 수성별장(守城別將) 국인묵(鞠仁默)의 집을 파괴하였다. 6월 4일에는 위도에서 농민군이 일본 미곡상(米穀商)이 탄 배를 공격하여 상품과 돈 등 3,000원 정도를 빼앗아 갔다.

농민군의 활동은 강진·장흥 지역에서도 마찬가지로 전개되었다. 강진에서는 이미 전주함락 이전부터도 농민군의 활동이 가시화하여 적지 않은 농민군이 무리를 이루어 주둔해 있었지만, 전주성을 점령하였던 농민군이 귀향하면서부터 이 지역 농민군의 본격적인 활동이 시작되었다. 강진·장흥 지역의 농민군들은 이 시기에 장흥의 자라번지[鱉番地]와 강진 읍내장터 등에 농민군 도소(都所)를 설치하고 토호(土豪)들을 잡아다가 징치하고 있었다. 특히 이방언이 이끄는 장흥의 농민군들은 6월 19일 산성별장을 잡아가기까지 하였다(『일사(日史)』).

이에 대해 강진 병영에서는 병사를 중심으로 농민군의 설분(雪憤) 행위를 저지하기 위한 다양한 대응책을 마련하고자 하였다. 먼저 전라병사 서병무(徐丙懋)가 6월 20일경 동학농민군들을 질책하는 포고문을 만들어 보내자 농민군 측에서는 다음과 같은 요지의 답장을 보냈다.

우리는 의기(義氣)에서 일어났다. 탐오한 관리들을 징치(懲治)하고자 한다. 지금 천권지신(擅權之臣)들이 성덕(聖德)을 가리고 충간지사(忠諫之士)를 가리켜 요언(夭言)이라 하고 억울해서 울부짖는 백성을 가리켜 비도(匪徒)라 하며 심지어 군대로써 도륙하려 하니 진실로 천고에 이러한 변화가 어디 또 있는가. 절하(節下) 또한 불의(不義)로써 ○○하니 매우 안타까운 일이다. (『일사(日史)』)

여기서 농민군은 자신들이 봉기한 목적이 탐관오리(貪官汚吏)를 처벌하는 데 있다는 점, 그리고 먼저 관군 측이 군대를 이끌고 와서 자기들을 죽이려 하였기 때문에 의기로서 일어났다는 점을 밝히고 있다. 이 무렵 강진 지역 농민군들도 평소 자신들을 괴롭히던 토호들을 잡아 징치하며 활동을 전개하였다. 강진의 농민군들은 신지(新池 : 현재 강진군 병영면 三仁里 신지마을)를 근거지로 집강소 활동을 전개하고 있었다. 강진에 도소가 설치된 것은 장흥 농민군이 강진으로 몰려와 합세한 이후였던 것으로 보인다.

『일사』에 따르면 이들은 "서로 부르기를 접장(接長)이라 하였고, 아이들은 동몽접장(童蒙接長)이라 하였으며, 다른 사람들은 속인(俗人), 자신들은 도인(道人)이라고 하였으며, 상좌(上座)의 사람을 교장(敎丈)이라고 하였다"고 한다. 또한 이들은 시장터에 유진해 있거나 질청[作廳]과 여타 관청, 그리고 인가를 동학농민군의 숙소로 정해놓고 있었다.

한편 무안의 대접주 배규인이 지도한 전라도 서남부인 무안, 해남, 진도 지역에서 활동한 농민군 지도자들은 대략 다음과 같다. 앞서 살펴보았듯이 『천도교회사초고』나 『동학사』에 따르면 제1차 동학농민혁명 당시 무안지역은 다른 지역보다 많은 인물들이 나서서 활동하였다. 『천도교회사초고』에는 배규인(裵奎仁), 배규찬(裵奎贊, 배규인의 弟), 송관호(宋寬浩), 임운홍(林雲洪), 정경택(鄭敬澤), 박연교(朴淵敎), 노영학(魯榮學), 노윤하(魯允夏), 박인화(朴仁和), 송두욱(宋斗旭), 김행로(金行魯), 이민홍(李敏弘), 임춘경(林春景), 이동근(李東根), 김응문(金應文) 등을 지도자급 인물로 거론하고 있다. 그리고 『동학란기록』에 수록된 「전라도소착·소획동도성책(全羅道所捉·所獲東徒成冊)」에는 배정규(裵正圭), 박순서(朴順西), 김자문(金子文), 정여삼(鄭汝三), 김여정(金汝

正), 장용진(張用辰), 조덕근(趙德根) 등이 기록되어 있으며, 오지영의
『동학사』에는 박기운(朴琪雲), 송두옥(宋斗玉)이 추가되어 있다.

　『동학란기록』「순무선봉진등록」에는 배규인에 대해 호남하도거괴
(湖南下道巨魁)라 하였고, "무안, 장흥 등지의 비괴들은 서로 왕래하였
다"고 하였다. 이는 배규인이 장흥, 강진, 영암, 해남, 진도 등 호남 서남
부 지역을 왕래하면서 중요한 역할을 하였다는 것을 보여준다. 1994년
『무안군사』편찬위원으로 활동한 배석오 씨에 따르면, 자신의 증조부가
배상옥과 동학(同學)이었으나 동학에 대해서는 일절 알려 하지도 말고,
기억하려 하지도 말라시며 이야기를 극력 피하셨다고 한다. 어려서 할아
버님과 최근(1994) 향교의 나이 드신 어르신들에게 들은 바에 의하면,
배상옥은 기골이 장대했으며 집안은 1000석꾼 정도의 재산뿐 아니라
지붕 처마자락에 풍경을 달고 있을 정도로 상당한 부자였다고 한다.
후손들의 증언으로는 배상옥은 백마를 타고 다녔으며, 관군의 수색을
피하기 위해 여자를 대동하고 다니는 등 변장술에도 매우 능했다고 한
다.

　무안 지역에 집강소가 설치된 장소는 청천리에 있는 재실로 알려져
있다. 그러나 배상옥이 맑은내[淸川] 마을에 있는 청천재라는 강당에
주민들을 모아 놓고 동학농민혁명에 가담할 것을 주장하고, 또 거기서
농민군들을 "교육"하였다는 후손들의 증언으로 볼 때, 청천재에 집강소
를 두었을 가능성도 있다. 청천리에서는 배상옥과 배규찬 형제 외에도
많은 배씨들이 농민혁명에 참여하였다. 특히 농암(農庵) 배정기(裵楨基)
는 청천리 접주로 활동하였으며, 그가 살고 있던 사랑채는 당시 집강소
로 이용되었다는 이야기도 전한다. 그러나 당시의 기와집을 몇 년 전

대양동 달성 배씨 집성촌(농민군 훈련터)

헐고 현재의 집으로 개축하면서 사랑채도 그 흔적만 남고 없어져 버렸
다. 다만 사랑채 앞에 있었던 것으로 보이는 감나무가 남아 있어 당시의
풍경을 짐작케 할 뿐이다.

배정기는 그의 동생 배정규와 용모가 똑같았으며, 접주로 참여했다가
도망갔다고 한다. 배정기는 당시 훈장으로 한학에 조예가 깊고 많은
사람이 그에게 한학을 배웠다는데, 마을에서는 물론 근처에서도 명성이
자자했다고 한다. 또한 근동에서 이 곳 동네로 손님이 오면 모두 이
곳에서 숙식을 하고 갔을 정도로 청천리에서는 영향력을 가지고 있었다.
경제력은 15마지기 정도의 자작농이었다는 구전도 있으나 머슴 2명 정
도를 유지할 정도였다는 것으로 보아 당시 청천리에서는 가장 부유했던

것으로 보인다.

배상옥이 이끄는 서남부 지역 농민군들도 다른 지역과 마찬가지로 탐관오리와 불량 토호들을 징치하는 활동을 전개하였다. 무안의 경우에도 전주성에서 돌아온 배상옥이 대부대를 거느리고 있었던 만큼 처음부터 관이나 보수세력들로부터 별다른 저항을 받지 않았던 것으로 보인다. 예컨대 『무안군사』(1994)에 따르면, "동학군이 들어와 이방 박병길(朴炳吉)을 체포하려 하자 나주로 피신하여 그의 사랑채만 불태웠다"고 하였다. 농민군이 그동안 탐관오리로 지목되어 온 이방 박병길을 징치하려 하였으나, 미리 도망하고 없자 사랑채만 불태웠다는 것이다.

또 배상옥은 목포진을 공격하여 무기를 빼앗아 오기도 했다. 『동학란기록』의 「순무선봉진등록」에 의하면 "지난 6월에 이전 만호(萬戶)가 있을 때, 동학의 무리 수천이 본진에 돌입하여 달려와서 군기를 몽땅 약탈해 갔다"고 하였다. 전투 흔적이 없는 것으로 보아 배상옥이 거느린 부대의 기세에 눌린 만호가 농민군에게 무기를 순순히 내주고 약탈을 당했다고 보고한 것 같다.

당시 관찬 기록에는 무안현감 이중익이 동학도의 소요로부터 성을 굳게 지켜 그 경내가 편안하였기 때문에 연임되도록 하였다고 기록되어 있으나, 이는 무안현감이 배상옥의 세력에 눌려 저항을 못했을 뿐만 아니라 주변 농민들에게도 크게 자극을 주지 않았기 때문으로 보인다. 『일성록』에 의하면, 이 해 8월 25일자에 의금부에서 공납 전곡을 지키지 못했다는 죄목으로 무안현감 이중익을 전라도 관찰사에게 압상(押上)하라고 명을 내린 바 있다. 당시 상황으로 보아 이중익 현감이 공납 전곡을 농민군에게 내어준 다음 상부에는 농민군에게 약탈당했다고 보고했기

문인 것으로 보인다.

한편 해남 지역에서는 6월 12일부터 약 한 달에 걸쳐 4, 700명의 농민군이 입성하거나 지나갔으며, 이들은 총검으로 무장하고 총을 쏘아대기도 하였다. 6월 12일에는 현감을 찾아가 집강소 설치를 협의하였으며, 17일경에는 집강소를 설치하고 2,000여 명의 농민군을 모아 세력을 과시하였던 것으로 보인다. 해남현은 지형이 동서로 길게 펼쳐져 있는데, 서쪽 남리지역은 김신영이 대표적인 인물이었고 동쪽은 김춘두(金春斗)가 대표적인 인물이었다. 이 둘 가운데 해남 집강소는 김춘두가 책임을 맡았던 것으로 생각된다. 김춘두는 해남 읍내 사람으로 많은 농민군을 거느리고 있었으며 집강소가 읍내의 남동(南洞)에 설치되었기 때문이다.

7월 6일 해남의 농민군은 관속들이 무장하여 강력한 수성군으로 조직되는 것을 꺼려 관아의 무기고로부터 조총 25자루, 천보총 6자루, 한도 3자루, 화약 5말, 탄환 1,000개를 거두어 갔다. 또 이들은 빈민구제활동도 적극적으로 전개하였다. 「도인경과내력」에 따르면 "윤병사로부터 받아들인 4,300냥 가운데 1,110냥을 민간에 나누어주었고, 500냥은 관노와 사령, 관청의 남녀 종들과 고인(敲人)들에게 나누어주었다"고 한다(『동학농민전쟁자료총서(8)』).

진도에서도 집강소가 설치되었으나, 활동이 순조롭지는 못하였던 것으로 보인다. 이에 따라 진도 농민군들은 영광, 무장 등지의 농민군에게 협조를 요청하였다. "금년 7월에 본부 조도면(鳥島面) 적괴 박중진이 영광과 무장 등지에서 무리를 모아 배를 타고 내침, 성을 공략하고 살해하고 재물을 노략질하였으며 군기도 약탈하고 마을에 계속 머물면서 불을 지르고 가산을 부수며 백성의 재물을 겁탈하였다"고 하였다(『순무선봉진등록』). 이는 진도 농민군들이 무장의 손화중 대접주를 찾아가 지원을 요청한 결과 무장과 영광 등지의 농민군이 배편으로 진도에 들어온 것으로 보인다. 이들의 식량을 확보하기 위하여 부민이나 악질 관리배들의 전곡을 강제로 거두었을 것이다. 이미 5월에 영암의 김희태가 이끄는 농민군들은 영암, 해남, 강진, 진도의 농민군과 합세하여 관군과 전투를 벌였다고 하였다(『천도교회월보』). 이로 미루어 볼 때 영암, 해남, 강진 지역의 농민군도 진도 공격에 참가하였을 것으로 보인다. 당시 진도 군수는 이희승(李熙昇)이었으나, 농민군의 위세에 놀라 어디론가 도주해 버리고 없었다.

한편 1894년 동학농민전쟁 당시 농민군은 전라도 전역을 점령하다시피 하였지만, 나주만은 점령할 수 없었다. 농민전쟁이 발발하자 나주에는 향리층을 중심으로 강력한 수성군(守城軍)이 조직되어 농민군의 공격에 격렬하게 저항하였다. 제2차 전쟁시기에는 호남초토영(湖南招討營)이 설치되어 나주뿐만 아니라, 남평·강진·장흥·영암·무안 등 서남부 일대의 농민군을 진압하는 데 중요한 역할을 수행하였다.

나주는 서북쪽으로 높고 가파른 큰 고개가 둘러쳐져 있고, 동남으로는 큰 강이 성을 안고 돌아가고 있었기 때문에 성 안에서 어느 정도의 방어력만 있으면 공략하기 어려운 요새지였다. 또한 나주는 인근 12고을의 진영을 관할하고 있었기 때문에 기고(旗鼓), 창검(槍劍), 궁노(弓弩), 탄환(彈丸), 대완포(大碗砲), 장대포(將大砲), 천보총(千步銃), 편살(片箭), 장살(長箭) 등 무기와 장비를 비교적 충실히 확보하고 있었다. 이뿐만 아니라 앞서 언급하였듯이 제1차 농민전쟁 발발 직후부터 강진·해남·영암·장흥·보성 5개 고을에서 징발된 군병 200명이 나주에 배치되어 있었고, 집강소 시기에도 청일군의 철병을 당면과제로 여긴 전봉준이 관군 측과의 지나친 충돌을 자제하는 전략적 고려에 따라 나주성은 농민군들의 대대적인 군사적 공격을 모면할 수 있었다.

나주 수성군의 주요 간부를 맡은 사람들은 대부분 나주를 대표하는 향리 가문 출신이었다. 이들은 도통장(都統將)에 호장(戶長) 정석진[鄭錫珍(鄭台完)], 후군장(後軍將)에 김창균(金蒼均), 난후별장(攔後別將)에 박재구[朴在九(求)] 등 수성군의 중임을 맡았을 뿐만 아니라, 수성군에 소요되는 재정을 지원하기도 하였다. 그것은 농민전쟁이 일어나자 호장이었던 정석진이 분격하여 "출재출의(出財出義)하고 이민(吏民)과 협동하여 10개월 동안 성을 지켰다"라고 한 데서 알 수 있다. 자세한 액수는 알 수 없지만, 향리층이 수성군을 모으고 유지하는 데 필요한 재정 확보에도 적지 않게 기여한 것만은 확실하다.

한편 전봉준은 청일 양국 군대가 계속 주둔해 있을 명분을 주지 않기 위해 농민군들에게 관군과의 지나친 충돌은 자제시키고 있었다. 그에 따라 전봉준은 7월 5일 나주성을 공격하였다가 실패한 최경선의 구원 요청에 대해 "저들은 각기 그 자신의 직분을 다할 뿐인데 무슨 이유로 먼저 공격하였는가. 접장은 내 말을 듣지 않아 패하였으니 나의 도움을 바라지 마시오"라고 하며 거절하기도 하였다(『오하기문(梧下記聞)』). 나주목사는 전주화약 직후 귀가하는 농민군 32명을 살해하여 농민군에 대한 신변보장 약속을 저버린 대표적인 인물이었다. 따라서 전봉준은 이미 5월 11일의 원정(原情)에서부터 몇 차례에 걸쳐 그들의 파직을 요청한 바 있다. 그럼에도 불구하고 전봉준은 먼저 공격은 하지 말 것도록 당부하고 있었던 것이다.

군사적 공격 대신 전봉준이 선택한 방안은 김학진에게 나주와 금구의 수령에 대해서도 꾸준히 파직을 요구하는 것이었다. 그 결과 7월 18일 나주목사 민종렬(閔種烈)과 나주영장 이원우가 파직되었으며, 7월 19일에는 역시 농민군을 무단적으로 살상한 금구현감 김명수(金命洙)도 파직되었다. 그러나 나주목사 민종렬은 후임자의 부임을 막으면서까지 수성군을 조직하여 농민군과 대치하였다. 이 때에도 전봉준은 그 문제를 물리적으로 해결하기보다는 감사 김학진의 서찰을 들고 찾아가 담판을 지었다. 8월 13일이었다.

이 때 전봉준은 부하 10여 명을 거느리고 맨손으로 나주목사를 방문하였다. 당시 나주는 목사 민종렬을 중심으로 농민군의 진입을 저지하였기 때문에 전라도에서 농민군 집강소가 설치되지 않은 유일한 지역이었다. 최경선 등이 이끄는 농민군이 대대적인 공세를 펼친 적이 있지만 실패하였고, 농민군에게는 '등에 박힌 가시' 같은 지역이었다. 이 때 전봉준이 나주를 찾은 것도 이미 전봉준과 전라감사 김학진 사이에 이루어진 관민상화에 따라 상호대립을 해소하기 위해서였을 것으로 보인다. 그 결과 비록 나주에 농민군 집강소를 설치하지는 못하였으나, 8월 17일 김학진이 조정에 민종렬의 잉임(仍任)을 특별히 요청하여 국왕의 승낙을 받은 것으로 보아 모종의 타협을 이루어냈던 것으로 보인다.

한편 농민군들은 집강소와 도소를 통해 폐정개혁활동을 하는 한편 청일전쟁에서 일본군이 승기를 잡아가자 일본군의 진압에 대비하여 농민군에게 군사훈련을 시키며 결전을 준비한 것으로 보인다. 무안군 해제에서 활동한 최씨 3형제는 접주인 둘째 최선현을 중심으로 동네 앞 논에서 군사들을 훈련시켰다고 한다. 이들은 훈련대장을 정하여 훈련을 시켰다고 하며 같은 동네에 살던 장일체 씨가 훈련을 담당하였다고 한다. 또 이 무렵에는 최선현이 전봉준을 만나러 가기도 하였고, 배상옥이 이 지역에 와서 직접 농민군들을 훈련시키기도 하였던 것으로 보인다(최장현의 손자 최영봉 증언).

이와 같이 집강소 시기 농민군들의 활동이 활발해지면서 점차 서남부 지역에서도 농민군과 유생 등 재지 사족층과의 사이에 갈등이 나타나기 시작했다. 이에 대한 기록은 이 지역 유생의 대표격인 오남(吾南) 김한섭(金漢燮)이 쓴 「적도에게 경고하는 글(警示賊徒文)」에서 찾을 수 있다. 장흥 지방에서 반농민군 의병을 일으킨 김한섭은 6월 1일 "나는 이제 늙고 병들어 곧 죽을 것이므로 성도(聖道)로써 사설(邪說)을 배척하다가 너희들에게 해를 입어도 이를 달게 받아들이겠다"(『오남집(吾南集)』)고 선언하며 이 글을 지어 농민군을 경계한 다음 민보군을 불러모았다.

「적도에게 경고하는 글」은 동학을 사교로 몰아 정학(正學)을 바로 잡는다는 명분을 내세워 장흥 남면 어산(語山) 접주로서 핵심 지도자였던 이방언(李芳彦)과 농민군에게 무기를 버리고 귀순할 것을 강경하게 경고하고 있다. 농민군의 집강소 활동이 곧바로 자신들의 지역기반을 빼앗는다는 위기의식에서 나온 것이라 할 수 있다. 김한섭은 이방언과 함께 고산(鼓山) 임헌회(任憲晦) 밑에서 동문수학한 관계임에도 불구하고 그런 글을 썼던 것이다. 이 글의 핵심은 김한섭이 동문수학한 이방언에게 절교를 선언한 것으로(『오하기문(梧下記聞)』), 곧 농민군에 대해서도 분명한 반대의 뜻을 드러낸 것이었다. 그러나 김한섭이 민보군을 일으킨 초기만 해도 농민군 측은 그러한 글을 무시한 채 집강소 활동을 강화하여 과거에 농민들을 괴롭혔거나 농민군 활동에 비협조적이었던 관리들을 잡아 엄히 다스렸다. 그리고 그동안 적극적으로 가담하지 않았던 동학교도들까지 가담하여 농민군 세력은 더욱 확산되어 갔다.

이 때 병영에서는 동학농민군의 진입을 막기 위하여 계책을 마련하여 시행하고 있었다. 동학농민군이 주민들을 잡아가서 돈을 징색하는 등 폐단이 많아지자, 병영에서는 송정리(松亭里)에 사는 이세화(李細和)를 맞아 장대(將臺)로 가서 '도인접(道人接)'을 만들고 각 마을에 조총을 나누어 주었다. 다른 지역의 농민군이 들어와서 폐단을 일으키면 잡아다가 징치하는 방책을 마련하였던 것이다(『일사(日史)』).

장흥에서도 신임 부사 박헌양이 부임한 바로 다음 날인 8월 1일 향교에 찾아가 지역 유생들과 함께 농민군 활동에 대응할 방안을 논의·모색하였다. 이 때 이방언을 불러 귀순토록 하는 방안이 제시되었지만 이방언은 귀순하지 않고 읍에 체류하면서 집강소 활동을 주재하고 있었고, 농민군 활동은 점차 체계가 잡혀간 것으로 보인다. 한편 웅치(熊峙) 접주 구교철(具敎徹)과 부산(夫山) 접주 이사경(李士京)도 신임부사의 귀순 종용을 무시하고 인근 지역에서 여전히 활동을 펴고 있어 농민군 세력이 누그러지기보다는 확대되는 추세였다. 이러한 형세는 9월 12일 전봉준이 제2차 기병을 결정하고 이에 호응한 각지의 농민군이 삼례에 집결하는 시기까지 계속되었다.

제2부 호남 서남부지역의 최후 항전
─2차 봉기 뒤의 전개과정을 중심으로─

1. 농민군을 모조리 죽여라

새로운 발굴의 필요성

동학농민전쟁(또는 혁명)은 한국 역사에서 가장 큰 규모로 벌어진 밑으로부터의 변혁운동이었다. 또 이를 계기로 국내에서는 정계 개편이 일어나고 국제적으로는 동아시아 판도를 바꾸는 계기가 되기도 하였다.

동학농민전쟁은 평안도와 함경도를 제외하고는 남쪽지대의 모든 지역에서 전개되었다. 1994년 동학농민혁명 발발 1백주년을 기해 많은 연구가 축적되고 역사기행 형식을 빈 답사기가 간행되었으나 아직도 발굴이 제대로 되지 않은 지역이 많다. 호남의 서남부 지역도 이에 해당될 것이다.

호남 서남부 아래지역은 함평, 나주, 무안, 신안, 해남, 영암 등지를 말한다. 장흥, 강진과 여수, 순천, 광양 지역은 호남의 동남부 지역에 속한다. 그런데 그 지역 특수성으로 보면 세 지역이 조금 다르게 전개되었다고 볼 수 있을 것이다. 곧 동학농민군의 세력권이 달리 형성되었던 것이다.

호남 서남부 지역의 동학농민군은 물론 1차 봉기 시기부터 참여한 것으로 나타나며 2차 봉기 때에도 많은 농민군이 삼례집회와 공주전투에 합류하였다. 그 뒤 잔여 농민군이 합류해 와 최후의 항전을 벌였다. 그러나 그 동안의 규모나 실상은 제대로 알려지지 않고 있다.

2차 봉기 이후 주력 농민군은 논산, 공주 전투에서 패배하여 남쪽으로 후퇴하였고, 뒤따라온 관군과 일본군에 밀려 계속 남부지역으로 밀려났다. 결국 주력 농민군은 김제의 원평과 태인 전투의 패배를 마지막으로 완전히 해산하였다.

잔여 농민군은 대체로 분산되어 한 무리는 장흥 강진지역으로, 한 무리는 순천 광양지역으로, 한 무리는 나주 무안지역으로 분산하여 도주하였다. 관군과 일본군은 이들 패잔 농민군을 남쪽의 섬으로 밀어넣으려는 작전을 세웠고, 농민군들은 자연스레 남쪽에서 최후의 항전을 벌이다가 섬으로 도망치는 경우가 많았다.

이 일련의 과정에서 장흥-강진 전투와 여수-광양 전투가 벌어졌다. 그런데 후퇴하는 많은 농민군들은 나주를 거쳐 무안 해남지역으로 내려왔고 장흥전투 이후에도 이쪽 방향으로 도주하였다. 정부에서 나주에 초토영(剿討營)이라는 이름의 토벌 본부를 두고 우선봉장 이규태가 먼저 이 곳으로 내려와 토벌작전을 지휘한 것으로 보아도 토벌로의 중심 활동 지역이었음이 충분히 입증된다.

장흥-강진 전투의 실상에 대해서는 남아 있는 사료가 비교적 풍부한 편이고 발굴도 상대적으로 많으며 기념사업 등도 활발하게 이루어져 왔다. 더욱이 장흥전투는 마지막 항전이라는 의미도 있어서 그 연구가 활발하다.

또 여수 순천 광양 지역의 농민군들이 하동 진주와 연계하여 벌인 활동도 「오하기문」과 관변측 기록이 비교적 풍부하여 정리를 할 수 있었다. 그 결과물로서 2004년에 『김인배, 동학농민군 선두에 서다』(푸른역사 발행)가 간행되었다.

이에 비해 이 지역에 대한 조사연구가 제대로 이루어지지 않은 이유로는 먼저 사료의 부실을 들 수 있다. 현재 발굴된 사료는 『금성정의록』과 관변 보고서 정도다. 동학농민전쟁의 모든 과정을 통사 형식으로 쓴 『오하기문』에도 이 지역의 사실은 별로 기록되어 있지 않다. 아마도 필자인 황현이 당시 이 지역과 반대편에 속하는 구례와 광양에서 살면서 이쪽 사정에는 어두웠던 때문이 아닌가 생각된다.

둘째로는 이 지역에는 농민전쟁을 연구하고 현지 답사를 한 향토사학자 또는 전공자가 적었다는 점을 들 수 있다. 장흥 등 다른 지역과는 달리 개인 문집에 나타나는 단편적 사료의 발굴도 거의 이루어지지 않았으며, 답사기 역시 단편적으로만 이루어졌다. 연구는 나주으로만 집중되었던 것이다.

근래에 한국 일본 등지에서 많은 사료가 발굴 수집되어 통사적 또는 전체적 연구가 활발하게 이루어졌으나 지역단위 또는 특수성에 따른 연구는 아직 미흡한 단계라 할 것이다. 사실 현재의 부족한 미시사적 연구가 활발히 이루어져서 전체 통사적 연구와 맞물리게 될 때 전체가 비로소 정확하게 보이게 될 것이다.

이런 관점에서 문헌자료와 답사와 증언을 통한 이 지역에 대한 조사 연구작업은 의미가 크다 하겠다. 적어도 장흥-강진, 순천-여수-광양과 하동-진주의 성과와 함께 이는 서남부 지역의 전체 윤곽을 알려주는 의미를 갖게 될 것이다. 그리고 이 작업의 성과는 앞으로 경상도와 경기도 등 특정 지역의 발굴, 강원도와 황해도 지역의 부분사, 나아가 당시 평안도-함경도 지역 사정을 정리하는 길잡이가 될 것이다.

한편 이 연구작업은 동학농민군의 명예회복을 위한 특별법에 따라 유족 발굴과 기념사업이 전국적으로 이루어지는 상황에서 이를 추진하는 하나의 중요 자료가 될 것이다.

다음에서는 전체 전개과정을 이해하기 위해 2차 봉기의 전말과 공주 전투 이후 주력 부대의 분산 과정을 먼저 개괄적으로 알아보기로 한다. 앞으로 호남 서남부 지역의 농민군 활동상 및 마지막 패주 과정을 이해하는 데 도움을 줄 것이라 판단되기 때문이다.

2. 드디어 농민군이 일본군 관군과 전면전을 벌이다

1894년 9월 끝 무렵 전봉준이 삼례에서 농민군을 집결시켜 2차 봉기를 본격적으로 준비하고 있을 때 손화중은 광주에서 집강소 활동을 벌이고 있었다. 당시 나주에는 민종렬이 목사로 있으면서 농민군을 완강하게 억압하고 있었다. 민종렬은 나주의 구실아치와 영병(營兵, 나주목 소속의 군대)들을 거느리고 나주목 관아를 굳게 지키고 있었다. 그리하여 나주는 당시 전라도 53고을 가운데 집강소가 설치되지 못한 드문 지역이 되었다.

전봉준과 최경선은 집강소 활동 기간 동안 민종렬을 찾아가 나주에 집강소를 차리게 하고 농민군 활동에 대해 협조해 줄 것을 일렀으나 듣지 않았다. 민종렬은 철저한 민씨 정권의 하수인이었다. 이 곳 농민군 지도자인 오권선 등은 할 수 없이 외곽을 중심으로 해서 집강소 활동을 벌였다.

손화중은 광주에 머물며 광주지역 농민군을 지휘하고 있었는데 민종렬의 방해로 집강소 활동에 제약을 받았다. 전봉준은 삼례에서 최경선에게 친필 편지를 들려 손화중에게 그 곳 농민군을 이끌고 삼례로 와달라는 부탁을 하였다. 이에 손화중은 광주지역 농민군을 이끌고 삼례로 올라왔다. 하지만 일본군이 바닷길로 해안을 공격한다는 정보를 입수하고 전술을 바꾸었다.

다시 손화중과 최경선 등 농민군 지도자들은 호남 후방의 단속과 북상 농민군의 지원을 위해 광주지역으로 다시 파견되었다. 이들은 현지 농민군을 규합하여 일본군의 해안 상륙을 막고 군량미를 마련하여 주력부대에 조달하는 임무를 맡았다(『전봉준 공초』).

아무튼 개화정부는 농민군들이 한창 삼례와 논산으로 몰려들 때 위기의식을 가지고 새로운 대응책을 모색하였다. 9월 10일 농민군들이 경기도의 안성, 죽산 등지에서 활동을 벌이자 죽산부사인 이두황을 장위영(壯衛營) 영관, 안성군수 성하영을 경리청(經理廳, 특수부대) 영관으로 임명해 농민군 토벌에 나서게 하였다.

이어 총지휘본부인 순무영(巡撫營)을 설치하고 양호순무사(충청도와 전라도의 총사령관)로 신정희를 임명하고 이규태를 좌선봉장, 이두황을 우선봉장으로 임명하였다. 남진의 두 부대를 이규태와 이두황에게 맡겼던 것이다. 두 선봉진이 경유하는 곳의 지방군대를 두 부대에 합류케 하는 조치도 내렸다.

한편 일본군은 용산에 일본병참부를 두고 후비보병 독립19대대를 주축으로 하여 농민군 토벌군을 편성하였다. 일본군은 조선의 군사지휘권을 차지하고 한편으로는 청일전쟁을 수행하고 또 다른 한편으로는 농민군 토벌을 총지휘하고 있었다. 일본군은 "동학당에 대한 처치는 엄렬해야 한다. 향후 모조리 섬멸하라"는 명령을 받았다. 더욱이 일본군들은 각 부대에 소속한 조선의 정예군사 1개 중대(221명)를 편성하여 이를 일본군 하급 단위로 편입시켰다. 이들 군인을 교도중대(敎導中隊)라 불렀으며 중대장으로는 이진호가 임명되었다.

조선에 주둔하고 있는 일본군 병참부는 일본의 대본영에 계속 토벌군의 파견을 요청하였다. 아무튼 소좌 미나미(南小四郎)는 1개 대대를 이끌고 남쪽으로 내려갔다. 일본군 진압부대는 '대일본제국 동학당정토군'이라는 이름을 걸었는데 총 2천여 명이었다. 이들은 연달아 "동학당을 모두 사살하라"는 명령을 받고 용산에서 세 갈래로 나누어 출동하였다.

일본군은 기병과 보병이 섞여 있었고 연발식 라이플총으로 무장하였으며 치중부대는 최신식 대포를 수레에 싣고 따라붙었다. 더욱이 진흙길이나 수렁을 쉽게 보행할 수 있는 가죽 장화를 신고 있었다. 이들의 대열은 기율이 잡혀 질서가 정연하였다.

한편 위에서 말한 경군 3천여 명은 성능 좋은 스나이더(소총)를 새로 지급 받고, 각기 부대를 나누어 일본군의 지휘를 받으며 긴밀한 연락망을 통해 합동작전을 펼치면서 남쪽으로 내려왔다. 관군은 현지에서 군량미를 조달하게 되어 있었기 때문에 출발 당시에는 군량미를 실은 치중부대가 많이 따라오지 않았다. 경군은 보병 중심이었다.

우선봉장 이두황이 지휘하는 장위영(壯衛營) 군사들은 용인을 거쳐

진천, 음성, 청주 가도를 내려왔다. 장위영병이 보은 장내리에 들이닥친 것은 1월 13일이었다. 이 곳에서 텅 빈 마을을 깡그리 불사르고 무고한 주민을 색출하여 사살하였다. 그리고는 공주로 발길을 돌렸다.

장위영병은 공주로 오는 도중 목천 세성산성에 집결한 농민군을 공격하여 두령 김복용과 이희인을 사로잡고 17명을 처형하였다. 살아남은 나머지 이 곳 농민군들은 충청도 서쪽지대로 달아났다. 장위영병도 충청도 서쪽지대로 진출하였다. 공주 주변을 완벽하게 토벌하려는 작전이었다. 장위영병은 10월 27일 공주에 도착한 뒤 계속 충청도 서쪽지대에서 활동을 벌였다.

좌선봉장 이규태가 이끄는 통위영(統衛營)의 군사들과 교도중대는 일단 수원으로 내려왔다. 이들은 천안을 거쳐 10월 20일 무렵 금강나루에 이르러 한 갈래는 경천점, 한 갈래는 공주 읍내로 들어왔다. 이들은 중간에서 별 전투를 벌이지 않고 공주로 직행한 것이다.

하지만 경군이 휩쓸고 간 곳은 폐허로 변하였다. 양곡은 물론 보물을 마음대로 약탈하였다. 더욱이 부호들에게는 분담금을 강제하는 따위로 재산을 갈취하였다. 이와는 다르게 일본군은 관군에게서 양곡 등 필요한 군수품을 조달 받아 약탈에 가담하지 않았다. 인심을 얻으려는 교활한 작전이었다.

이들 경군에는 송파, 이천, 충주, 홍주의 병참소 등에서 주둔하고 있던 소규모의 일본군이 파견되어 합류하였는데, 일본군은 관군과 합동작전을 벌이는 외에 작전고문 역할을 하였다. 큰 전투지역에서는 일본군 주력부대가 합동작전을 수행하였다.

그렇다면 일본군의 진격로를 알아보자(<지도 참조>)

일본군 보병 1개 중대는 수원, 천안, 공주를 거쳐 전주부 가도로 나가 영광, 장성으로 나간 뒤 남원을 소탕하며, 보병 1개 중대는 용인, 죽산, 청주를 거쳐 상주 가도로 나가며 보병 1개 중대는 가흥, 충주, 문경을 거쳐 대구부 가도를 소탕한다는 직전이었다.

곧 서울에서 남쪽 삼면을 완전히 빗자루로 쓸듯 소탕전을 펴고 내려온다는 것이었다. 교도중대를 가운뎃길인 상주 길로 나오게 하여 일본군을 돕고, 서쪽길인 전주가도에는 순무영 산하 군사 1천여 명을 따라오게 하였다. 이들을 작전 수행만이 아니라 길 안내 또는 통역으로 활용하고자 한 조치였다. 한편 일본군은 황해도와 강원도에서 서울로 내려오는 길을 차단하고 토벌전을 수행하였다.

다시 농민군의 공주집결 과정을 알아보자. 9월 말경부터 삼례에 머물며 결전 준비를 서두르고 있었던 전봉준은 삼례에 전라도 창의대중소를 설치하고 충청도에 연달아 전령을 띄웠다. 전령 내용은 양곡을 준비하고 짚신이나 담배 같은 물품을 마련해 두라는 당부였다. 또 오지영 등 일부 남접 지도자들은 보은으로 달려가 남북접이 힘을 합해 봉기해야 한다고 주장하였다.

최시형이 마침내 대동원령을 내렸다. 최시형은 그 동안 남접의 봉기에 신중한 자세를 취하며 행동을 저지하고 있었다. 이로 인해 남접과 북접은 상당한 갈등을 빚고 있었다. 최시형은 남접 북접을 가리지 않고 동학교도들에 대한 탄압이 가중되자 "앉아서 죽기보다야 서서 죽는 게 낫지"라고 말하였다 한다. 이 동원령에 따라 경상도와 충청도의 동학교도는 물론 황해도, 강원도 동학교도들까지 보은 또는 공주로 진출하려고 활발하게 움직였다.

• 제19대대
동로(제18대대) ── ── ──
중로 ─────────
서로 ------------
桑原 부대 ▲▲▲▲▲
• 筑波 함대와 操江 호 →→→→→
• 인천·용산·부산 수비대 ┼┼┼┼┼┼┼

원산
원산수비대
(11/25파견)
춘천　안제　백운포(12/4)
홍천　강릉(12/9)
한성　죽산　평창
인천　용인　영춘
진위　영월
평택　청풍　제천
여미　괴산
서산　천안　청주　충주
태안　아산　연기　보은　예천
덕산　예산　문경
홍천　공주　낙동
노성　진주　증약　황간
논산　영동　대구
삼례　고산　금산　금산
진안　병참선로
원평　전주　무주
태인　만마관　거창
흥덕　순창　운봉　함양
영광　담양　남원　마산　김해
함평　곡성　하동　진주　부산
무안　나주　동복　순천　사천
목포　능주　낙안　광양 섬거　통영
제주도　영암　보성　좌수영
우수영　장흥
진도　해남　강　진　흥양

일본군의 농민군 탄압 지도(1894. 11. 12~1895. 2. 28)
출전 : 강효숙, 「제2차 동학농민전쟁과 일청전쟁」,
『역사학연구』762. 일본 : 역사학연구회 2002. 27쪽.

전봉준이 이끄는 농민군 주력부대는 삼례에서 화약, 양곡, 죽창 등 전투에 필요한 물품을 확보하였다. 또 겨울철까지 이어지는 장기전에 대비하여 농민군의 솜옷을 준비하기도 하였다. 마침내 순천, 장흥, 무안 등 먼 남쪽의 농민군들도 접주를 중심으로 속속 합류해 왔다. 전봉준은 직속부대 4천여 명을 선발대로 하여 논산으로 진군하였다.

한편 북접에서는 손병희를 대통령으로 삼고 손천민, 이용구, 황하일 등의 접주에게 지휘를 맡겼다. 또한 북접 계열의 서장옥은 전봉준과 합세하여 무주 등지에서 별도로 기병하였다. 북접의 봉기지역은 충청도를 중심으로 해서 경상도, 경기, 강원도를 망라하였다. 전봉준의 직속부대 4천여 명이 먼저 논산에서 진을 치고 기다리고 있었고, 손병희가 뒤따라 왔다. 두 지도자는 형제의 의를 맺고 나이가 많은 전봉준이 형이 되었다. 이렇게 하여 남접과 북접을 망라한 수만 명의 농민군이 한마음으로 모든 역량을 동원하여 공주감영 공격에 나섰다.

공주공방전은 10월 말경부터 시작되었다. 공방전은 경천과 능치와 효포, 이인과 우금치 그리고 봉황산에서 감영으로 넘어오는 길인 하고개 등지에서 전개되었다. 공주의 삼면을 포위하고 공격전을 펼친 것이다. 하지만 일본군과 경군의 신무기 앞에서 농민군은 계속 패전을 거듭해야 했다.

연합농민군은 11월 8일부터 4일간 우금치에서 마지막 총력전을 펼친 끝에 패배하고 경천과 논산으로 후퇴하였다. 이 때의 정경에 대해서는 다음 기록을 보자.

아아, 저 몇 만 명의 비류들이 4, 50리에 뻗쳐 포위해 왔다. 길이 있으면 빼앗고 높은 봉우리를 먼저 차지하였다. 동쪽에서 소리치면 서쪽에서 달려가고 왼쪽에서 번쩍하다가 오른쪽에서 튀어나와 깃발을 휘두르고 북을 울리면서 죽음을 무릅쓰고 먼저 올라왔다. 저네들은 무슨 의리이며 무슨 담략인가? 그들의 행동을 말하고 생각해 보니 뼈가 떨리고 마음이 서늘해진다. (『순무선봉진등록』)

남은 농민군들은 많은 동지들의 시체를 버려두고 노성을 거쳐 논산으로 후퇴하였다. 전봉준이 지휘하는 농민군들은 논산에서 진용을 수습하였는데, 그 숫자는 현저하게 줄어들었다. 농민군들은 추격해오는 적군과 다시 한바탕 전투를 벌인 후 전주로 후퇴하였다.

이 무렵 전봉준과 최시형, 손병희 그리고 청주공격에 나섰던 김개남 등 지도자들이 모두 남쪽으로 달아났다. 이들은 아마 적어도 전주에서부터 뿔뿔이 흩어진 것이 아닌가 생각된다. 전봉준은 김제 원평에서 일본군과 전투를 벌인 후 11월 27일 태인읍내의 주변 산에서 그야말로 최후의 전투를 벌였다.

전봉준은 부하 몇 명을 거느리고 순창 피노리로 몸을 숨겼다가 김경천이란 옛 부하의 밀고로 체포되었다. 또 김개남도 순창 회문산 언저리의 종송리에서 체포되었다. 전봉준과 행동을 같이한 것으로 보이는 김덕명은 고향 금구에서 체포되었으며 뒤늦게 나주전투 이후 도피를 계속하였던 손화중은 고창에서, 최경선은 동복에서 체포되었다.

한편 손병희 등 북접의 지도자들은 태인전투까지 전봉준과 행동을 같이하다 이후 길을 달리하였다. 당시 최시형은 임실 조항리에 숨어 있었다. 손병희 등은 최시형과 합류하여 장수 무주를 거쳐 옥천의 용산에서 전투를 치르고 보은 등지로 달아났다. 그러다가 12월 17일 보은

북실전투를 마지막으로 강원도로 잠적하였다.

　김개남은 전라감사로 새로 부임한 이도재의 손에 의해 전주에서 처형되었으나 전봉준은 순창에 들이닥친 일본군에 의해 나주로 끌려갔다. 남접의 남은 농민군들은 뿔뿔이 흩어지기도 하고 함평, 무안, 해남, 강진, 장흥 등지로 몰려가기도 하였다. 이 무렵 남접 지도자를 두고, 호남 서남지방의 토벌을 지휘하였던 이규태는 이렇게 기록하고 있다.

　　지금 전라도 일대의 비류들은 무리마다 접(接)이 있는데 접주는 그 우두머리이다. 혹 크고 작은 구별이 있는데 전봉준, 김개남은 곧 이른바 거괴이다. 그러나 이들보다 더욱 큰 우두머리는 무장의 손화중, 무안의 배상옥이다. 이들은 각기 무리를 거느린 숫자가 수십만 명이다. 이들은 전봉준, 김개남에 비교하면 몇 배라 말할 수 있는데 전봉준, 김개남은 온 나라에 시끄럽게 전해져서 조정에까지 알려졌기 때문에 이 두 놈을 괴수라 하였으나 만약 거괴로 따질 것 같으면 마땅히 손화중, 배상옥을 엄지손가락으로 꼽아야 할 것이오 그 다음은 최경선, 오권선, 이사명, 남응삼, 이방언 등 수십 명이다. (『이규태왕복서』)

　이 기록은 과장되어 있다. 하지만 손화중과 배상옥을 거괴로 꼽은 것은 나름대로 이유가 있었을 것이다. 다시 말해 자신이 토벌하는 지역의 두령의 영향력을 과장해서 자신의 공적을 과시하려는 의도가 숨어 있기도 했을것이고 또한 자신이 직접 이들과 맞부딪혀 싸웠기 때문이기도 할 것이다. 어쨌든 이규태의 기록은 이 지역 농민군 두령의 활동과 지역 단위의 흐름에 대해서는 정확하게 알려주고 있다.

나주 관아 공격과 고막포 전투

이제부터 호남 서남부에서 벌어진 농민군 최후의 활동을 알아보기로 한다. 광주는 손화중이 웅거하고 있으면서 전라도 농민군의 중심지가 되었다. 이에 나주의 영병과 수성군은 10월 많은 농민군들이 북상한 틈을 타서 광주농민군에 대한 공격에 나섰다. 이 때 두 차례에 걸쳐 전투가 벌어졌으나 공격은 실패로 돌아갔다.

그러나 이후에도 나주 영병들은 광주농민군의 동정을 살피고 무안, 해남 농민군의 북상 진로를 차단하거나 틈틈이 공격을 시도하였다.

한편 태인전투가 끝난 후 흩어진 농민군들이 대부분 손화중과 최경선의 휘하로 몰려들었다. 여러 정황을 검토하고 기록을 분석해 보건대 이 무렵 손화중, 최경선과 나주의 오권선 등이 서해안 남쪽 고을의 농민군과 연합하여 나주 관아를 공격하기로 약속하였던 것으로 보인다. 곧 광주, 나주, 함평 농민군과 무안, 해남, 영암, 진도, 강진, 장흥, 그리고 함평의 일부 농민군이 나주를 가운데에 두고 양면으로 공격을 가한다는 계획이었다.

이 같은 정황을 확실하게 알려주는 증거가 있다. 함평 대접주인 이화진은 12월 3일 함평에 거주하는 자신의 부하 몇 명을 데리고 무안에 거주하는 배상옥을 만나기 위해 무안으로 내려갔다. 두 사람은 여러 정황으로 미루어 나주공격에 대해 상의하였을 것이다. 무안에서는 하룻밤만 묵고 긴급하게 길을 떠났으나 그 행동이 수성군들에게 포착되어 돌아오는 길에 붙잡히고 말았다. 이들은 함평현 감옥에 갇혀 심한 고문을 받은 끝에 사실을 실토하고 말았다.

이렇게 되자 두 쪽에서 약속한 날짜에 차질이 생겼던 것 같다. 먼저

고막포 다리

11월 초순 들어 광주농민군은 오권선과 연합하여 나주 관아를 공격목표로 삼아 광주 두동 등지에 수만 명을 주둔시켰다. 바로 이 즈음인 11월 6일 신임 전라감사 이도재가 나주목으로 글을 보내, "경군 5천 명이 이미 우리 도에 들어왔으니 나주에서도 군사를 내어 적을 초멸하라"(『봉남일기』)라고 지시하였다.

민종렬은 여기에 고무되었다. 나주 도통장 정석진은 11월 10일에 포군 300여 명을 이끌고 출전하였고 수성군(또는 民砲軍) 수백 명도 합세하였다. 농민군들은 나주와 광주 사이에 있는 용진산으로 진출하여 진을 쳤는데 이 때 비가 내려 들과 산이 온통 젖어 있었다. 먼저 나주 영병들이 용진산을 삼면으로 포위하고 천보총과 대완포를 쏘아댔다. 수성군은 연일 용진산의 겨울 마른풀에 불을 질러 농민군의 통로를 차단하였다. 이에 마침내 농민군들은 버티지 못하고 북쪽으로 달아났다.

그 뒤 남쪽의 수천 농민군이 무안 대접주 배상옥의 지휘 아래 나주를 향해 올라왔다. 배상옥은 처음 무안 남산에서 진을 친 후 농민군을 규합하고 기세를 올렸다. 11월 17일 무렵 남쪽 농민군들은 나주 외곽 30여 리 지점의 작은 냇가에 있는 고막포(古幕浦, 당시 무안현 금동면이며 현재 함평군 학교면 고막리)와 고막원(나주군 문평면 옥당리) 주변에 모여들었다. 이 곳은 남쪽의 함평에서 나주로 들어가는 교통의 요지여서 주변에 큰 마을들이 여럿 형성되어 있었다.

『금성정의록』은 이 때 모인 농민군의 숫자를 5만에서 6만 명으로 기록하였다. 많은 농민군들은 나주성 결전을 앞두고 번화한 마을을 중심으로 진을 벌이고 숙식을 해결하였다.

농민군의 동정을 살피던 염탐군들은 이 소식을 급박하게 나주목에 알렸다. 민종렬은 북쪽을 방비하고 있는 나주 수성군을 급히 불러들이고, 남하하여 전주에 머물고 있던 일본군 대위 마쓰모토(松本保一)와 좌선봉장 이규태에게 20일자로 전령을 보내 "우리 고을이 적도 수만 명에 의해 포위 되어 형세가 매우 위급하여 조석의 사이에 무너질 처지에 놓여 있다"(『선봉진일기』)라는 공문을 보내 지원을 요청하였다. 하지만 사정은 그렇게 단순하지 않았다. 일본군은 이렇게 적고 있다.

정토군(일본군)이 전주에 있을 때 나주의 초토사 민정렬이 여러 번 구원을 요청했으나 태인과 다른 지역의 비도를 소탕할 사정이어서 다만 회답만을 주고 말았다. (일본공사관기록의 『동학당정토약기』)

태인전투가 끝난 뒤 좌선봉장 이규태는 통위영의 2개 소대를 거느리고 일본군 백여 명의 지원을 얻어 먼저 황급하게 나주로 방향을 잡았다. 하지만 중간에 작은 전투를 치르며 오느라 28일에야 나주로 도착할 수 있었다. 아무튼 민종렬은 머뭇거리는 지원병을 기다릴 여유가 없었다. 그는 나주성이나 관아 주변에서 전투를 벌이기보다 고막 일대의 너른 들판에서 결전을 벌이는 쪽이 유리하다고 판단하였다. 민종렬은 11월 17일 나주 수성군에게 출동명령을 내렸다.

도통장 정석진이 이끄는 수성군은 나주 관아에서 20여 리 떨어진 자지고개(나주 다시면 가운리)에 진을 쳤고 부통장 김재환이 이끄는 수성군 소속의 포군과 천보대(소총대)는 초동장터(새꼴장, 다시면 영동리)에 진을 쳤다. 또 나주의 외곽마을인 전왕, 지량, 상곡의 유생을 중심으로 모인 민포군이 합세해 왔다. 그리하여 수성군의 숫자도 3천여 명에 이르렀다. 특히 포군이 포함되어 있었기 때문에 농민군의 무기보다 성능이 우수하였다.

농민군들은 고막원을 중심으로 청림산(나주군 다시면 문동리), 호장산(다시면 송촌리), 진등참(다시면 동곡리와 문동리) 일대에 퍼져 유숙하고 있었다. 수성군들은 18일 아침 진격해 와서 먼저 공격을 퍼부었다. 농민군들은 나주 수성군이 몰려온다는 첩보를 받고 주변 산에서 대기하고 있었다. 수성군들은 농민군이 주둔하는 산을 향해 대포를 놓아 농민군들을 들판으로 내려오게 유도하였다.

수성군들은 포군과 천보대를 전열에 내세우고 농민군이 쏘는 조총과 화살이 미치지 않은 거리에서 포를 놓고 총을 쏘아댔다. 한 시간 가량의 전후 후 농민군은 대포의 위력을 이기지 못하고 후퇴하기 시작하였다.

수성군들은 농민군들을 추격해 왔다. 들판에는 시체들이 언덕처럼 널려 있었다. 농민군은 10여 리를 달려 고막교에 이르렀다. 고막교는 폭이 6미터, 길이 25미터쯤 되는 좁은 돌다리였다. 하지만 다리 밑에는 배들이 드나드는 선착장이 있을 정도로 깊었다. 예전에는 쌀 백 섬을 실은 배들이 왕래하였다 한다.

마침 조수의 밀물이 밀려와 다리 밑의 냇물이 넘치고 있었다. 너도나도 다투어 고막교를 건너다가 물에 빠져 죽기도 하고 후미에서는 대포에 맞아 죽기도 하였다. 그런 속에서도 농민군은 추격을 하지 못하도록 다리를 허물어 가면서 후퇴하였다. 농민군은 고막리(함평군 학교면)에 이르렀을 때 그 숫자가 현저히 줄어들어 있었고, 수성군은 추격을 멈추고 고막교를 건너지 않았다. 농민군은 고막리에서 진을 수습하고 다시 결전을 준비하였다.

수성군은 배후의 공격을 두려워하여 나주로 돌아갔다. 농민군들은 함평, 무안 등지에서 계속 활동을 벌였다. 이 때 농민군의 한 부대가 임치진의 서창(西倉)으로 달려가 쌓아둔 곡식을 마소에 실어 농민군에게 보급하였다. 동정을 살피던 수성군은 11월 21일 포군 300여 명을 앞세워 고막리 일대의 농민군을 재차 공격해 왔다. 전투 도중에 농민군 한 부대가 고막포 건너편 산으로 달아났다. 수성군은 산을 향해 포를 쏘았고 농민군들도 맞받아 응사하였다. 날이 어두워져서야 양쪽 군사들은 전투를 중지하였다. 양측 군사들은 추운 날씨에 물 한 모금, 밥 한 술 먹지 못해 심하게 지쳐 있었다. 이 전투에서 무수한 농민군들이 죽어 나갔다.

수성군은 농민군을 나주 경계 밖으로 쫓아내고 돌아갔으며, 농민군은 나주 공격을 포기하고 함평, 무안 지방에서 둔취하면서 활동을 벌였다. 이 전투에는 배상옥은 물론 무안의 일서면 접주 박치상, 몽탄면 접주 김웅문와 김효구·김덕구·김영구 형제들, 해제면 접주 최장현 삼형제 등도 참여하였다. 고막전투는 함평, 무안 농민군들이 주도하여 벌였던 것이다.

광주에 주둔하던 손화중, 최경선은 오권선이 이끄는 나주 농민군과 합세하여 다시 나주 관아 공격에 나섰다. 이들은 연합작전이 차질을 빚었음을 알고 공격을 서둘렀다. 11월 23일에는 농민군 수만 명이 나주 관아와 10여 리 거리에 있는 나주 금안면 남산촌과 태평정 등지로 압박해갔다. 이 날 밤에는 나주성 북문 밖 함박산으로 몰려가 진을 치고 있었다. 이 때까지도 농민군의 기세는 대단히 높았다.

나주영장 이원두와 목사 민종렬의 지휘 아래 수성군은 북문 부근에 막소(幕所)를 차리고 북문을 지키고 있었다. 북문이 뚫리면 나주관아는 무너질 수밖에 없었다. 이 날 밤은 날씨도 몹시 춥고 바람도 세찼다. 수성군이 횃불을 밝히고 군사를 점호하는데, 마침 폭풍이 불어 막소 안에 두었던 폭죽에 불이 붙더니 연달아 폭음을 냈다. 또 동문 밖에서는 도깨비불이 떠돌아다녔다 한다. 농민군은 지원병이 와서 총과 포를 쏘아 대는 것으로 착각하고 남산촌 언저리로 후퇴하였다.

농민군은 추운 날씨 때문에 야숙을 포기하고 민가로 들어가 밤을 보냈다. 다음 날(24일)에도 농민군은 천막을 치고 깃발을 꽂은 다음 전투에 대비하였다. 마침 농민군이 소를 잡아 늦은 밥을 먹고 있을 때 도통장 정석진이 거느린 영병들이 삼면으로 기습을 해 왔다. 농민군들은 육박전을 벌이면서 분전하였으나 화력에 밀리면서 농민군은 차츰 무너져 갔다.

추운 날씨에 굶주리고 피로가 누적되어 전투능력이 떨어졌던 것이다. 수성군은 농민군이 분산하는 모습을 보고 일단 군사를 나주 읍내로 돌렸다.

이 전투에서도 농민군은 무수한 사망자와 포로를 냈다. 손화중, 최경선, 오권선 등 지도자들도 일부 농민군을 이끌고 달아났으며 잔여 농민군은 남쪽인 남평 동복 등지로 흩어졌다. 이때의 정경을 두고 황현은 다음과 같이 기록하였다.

도둑 최경선이 나주를 침범하였다가 크게 패하여 달아났다. 그 때에 전봉준과 김개남의 패보가 이르자 뭇도둑들이 간담이 서늘하였고 또 경군이 압박해 오자 도망자들이 모두 최경선에게로 돌아갔다. 최경선이 손화중과 모의해 나주를 습격하였다. 나주의 이원우 등이 엄히 군사를 배치해 기다리자 감히 곧바로 성을 공격하지 못하였다. 그때에 또 추위가 심해 야숙하지 못하고 몇 천 명이 무리를 이루어 마을을 약탈하였고 민가를 빌려 잠을 잤다. 관군이 이를 알고 몰래 야습하여 헤아릴 수도 없이 죽이거나 포로로 잡았는데 양민들도 많이 죽었다. (『오하기문』)

또 나주의 유생 이병수는 "죽은 시체가 들판에 가득했고 흐르는 피가 냇물을 이루었다"며 그 처절함을 기록하였다(『금성정의록』). 이 뒤부터 오권선의 활동은 기록에서 사라졌다. 그가 노새를 타고 도망치자 얼굴을 알아보는 나주의 천보대가 추격하였으나 하촌에서 그 모습이 완전히 사라져 끝내 잡지 못하였다 한다.

최경선이 이끄는 잔여 농민군은 남평 관아로 들어가 현감 이희하에게 총을 쏘고 인신을 빼앗고 무기를 거두어들였다. 이희하는 탄환을 맞은

채 도망쳤다. 이 보고를 받은 정석진은 수성군을 이끌고 남평으로 달려
갔다. 수성군은 관아 뒤편에 있는 월연대에서 주둔하며 동정을 살폈다.
그러자 농민군들은 능주 방면으로 물러갔다. 이들은 거의 후퇴한 뒤
장흥 강진 전투에 참여한 것으로 보인다.

뒤에 최경선은 농민군 220여 명을 이끌고 동복으로 갔다. 이들은 화순
군 외남면 벽송과 사평 마을에서 곤하게 잠들었다가 기습한 민포군 400
여 명에 의해 마침내 체포되었다. 한편 손화중은 고창 부안면 수강산
아래에 있는 산당에서 숨어 지내다가 밀고에 의해 체포되었다. 두 지도
자는 나주감옥에서 전봉준과 만나게 되었다. 하지만 오권선의 행방은
여전히 묘연하였다.

아무튼 후기의 나주공방전이 연합공격 계획에 차질을 빚어 실패한
후 서남 농민군은 그 길을 달리하였다. 대부분의 농민군은 한 갈래는
강진 장흥 방면으로 진출하고 또 한 갈래는 무안 해남 방면으로 진출하
였다. 12월 초순에는 장흥 관아와 강진 병영을 점령하여 위세를 떨쳤다.

배상옥이 이끄는 잔여 농민군은 무안 삼향면 대월리에 집결해 있었
다. 이 시기 관군과 일본군의 남하 소식을 들은 농민군이 겁을 집어먹고
거의 흩어졌기 때문에 그 숫자는 현저히 줄어든 상태였다. 배상옥은
잔여 농민군을 이끌고 장흥전투에 합류하려 했던 것으로 추정되나 이미
관군과 일본군에 의해 영암 등지의 통로가 차단되어 있었기 때문에 뜻을
이루지 못하였던 것이다.

장흥 강진의 처절한 전투

한편 일본군과 관군이 호남지역으로 내려온 과정을 알아보자. 11월

24일 중앙정부는 공주전투가 있은 뒤 농민군이 남하하고 있음을 알고 대비책을 강구하였다. 조정에서는 나주목사 민종렬에게 나주에 초토영 (剿討營)을 설치하여 농민군을 완전 토벌할 것을 지시하고 그를 호남초 토사로 임명하였다. 이 무렵 민종렬은 나주공방전으로 분주한 나날을 보내고 있었다.

그는 초토사의 새로운 임무를 받음으로써, 초토영에서는 농민군을 마음대로 죽일 수 있는 권한을 부여받았다. 초토영에서는 많은 장정을 동원하여 수성군의 수를 늘렸고, 기세가 등등해진 수성군은 골골을 누비며 전라우도 전 지역의 농민군과 혐의자들을 잡아들였다.

이 때 우선봉장 이두황이 이끄는 관군과 일부 일본군이 전주에서 남원을 거쳐 순천, 여수, 광양으로 진격하였다. 좌선봉장 이규태가 이끄는 관군과 미나미(南小四郎)가 지휘하는 일본군 후비보병독립 제19연대 그리고 일본군의 전투를 직접 돕는 교도중대가 이잡듯이 장성과 담양을 거쳐 호남 서남쪽을 향해 쓸고 내려왔다. 이들 주력부대는 경군 120명, 일본군 250여 명이었으며 중간에 영병과 민포군 그리고 보부상패들이 합세하였다. 일본군은 '대일본제국 동학정토군'이라 불렸으며 미나미는 토벌동비대장(討伐東匪隊長)의 임무를 띠고 있었다.

좌선봉장 이규태가 전주에 주둔해 있을 때 조정에서는 토벌군을 정비하는 조치를 내렸다. 이두황은 남원을 거쳐 순천, 여수, 광양의 농민군을 토벌케 하고, 이규태는 나주와 함평, 무안, 해남, 영암 등지의 농민군을 토벌케 하였던 것이다. 좌선봉진의 군사와 미나미가 지휘하는 일본군은 원평과 태인에서, 공주에서 후퇴한 농민군을 공격하고 나주로 진격해 왔다.

순무사 신정희는 서남부 농민군의 토벌에 필요한 탄환 30만 개를 경군에게 배정하였다. 이 탄환 중 4만 개를 나주 초토영으로 보냈다. 그러자 일본군은 정식 절차도 밟지 않은 채 통역 현영운에게 편지를 들려보내고는 배정된 탄환을 모조리 실어가 버렸다. 이처럼 경군은 일본군의 지휘를 받거나 견제를 받았던 것이다.

이렇게 하여 12월 초순부터 나주는 연합토벌군의 총본영이 되었다. 호남우도의 본거지였던 나주는 일본군의 군마와 군화발에 짓밟혔으며 경군과 민포군의 약탈로 폐허로 되어 갔다. 또 초토영이 만든 감옥에는 전봉준, 손화중, 최경선, 김덕명이 붙잡혀 와 고문을 받았으며 그 밖에 붙잡혀온 수많은 농민군 지도자들로 감방이 넘쳐났다. 그뿐만이 아니었다. 사돈네 팔촌이라도 농민군과 관련된 혐의가 있으면 잡혀왔으며 농민군에게 밥을 지어주고 돈을 준 사람들도 끌려왔다. 감옥 앞거리는 두려움을 애써 참고 어렵게 찾아온 가족들의 통곡소리로 진동하였다.

한 편의 비극적 드라마가 다시 연출되었다. 경군과 일본군이 나주로 들어온 시기는 나주공방전이 끝난 뒤인 12월 10일 오전이었다. 다음 기록은 이 때의 정황을 잘 전해준다.

왜인들이 나주를 크게 노략질하였다. 나주는 성을 지킨 이래 도둑들이 마음대로 침범해 노략질하지 못하였다. 비록 공방전이 매일 일어났더라도 구실아치와 백성들이 생업을 잃지 않았다. 왜인들이 구원해 와서는 부녀자를 겁탈하고 재물을 약탈하였다. 그래서 한 고을이 크게 소요하였다. 민종렬과 이원우가 사단이 일어날까 두려워서 금지하지 못하였다. 며칠이 지나서야 겨우 진정되었다. (『오하기문』)

일본군이 마치 점령군처럼 완전히 무법천지로 날뛰었으나 누구 하나 금지할 수 없었던 것이다. 그러나 이렇게 한가하게 노략질을 일삼고 있을 상황이 아니었다. 새로운 일은 장흥 강진 지방에서 벌어지고 있었다.

그렇다면 장흥 강진의 정황은 어떠했던가? 장흥에는 이방언과 이인환 등의 지도자들이 농민군을 규합하여 1차 봉기시기에 황토현 전투에 참여하였으며 2차 봉기에도 참여하였다. 장흥의 농민군 수만 명은 11월 말경 회령진에 근거지를 두고 벽사역에 불을 질렀다. 장흥과 강진의 군사들이 출동하여 전투를 벌였으나 농민군들은 곰재 등지로 후퇴하였다. 이럴 때 북쪽의 농민군이 속속 합류해 왔다.

태인전투 이후 광주로 옮겼간 북쪽의 농민군이 나주공방전에 참여하였다. 이 공방전에서 패배한 잔여 농민군은 능주를 거쳐 장흥으로 몰려갔다. 비록 최경선, 손화중은 장흥으로 가지 않았으나 많은 농민군이 장흥으로 가서 현지 농민군에 합류하였다. 고막전투를 수행한 농민군은 장흥으로 방향을 돌리지 않고 해남과 영암 등지에서 활동을 벌였다. 또 12월 초순 순천, 여수, 광양에서 패배한 농민군 중 일부도 장흥 쪽으로 방향을 돌렸다.

그러니 장흥은 마지막 농민군의 대규모 집결지가 된 셈이다. 12월 5일 새벽 장흥부를 점령하고 반항하는 부사 박헌양과 구실아치들을 죽였다. 장흥이 농민군 수중에 함락된 것이다. 농민군은 12월 7일 강진현을 공격하여 점령하고 3일 뒤에는 강진병영을 점령하였다. 이 때 강진병영에 있던 병사 서병무가 영암 쪽으로 달아났다. 전라병영이 농민군의 수중에 떨어진 뒤 이 일대 관군의 구심점이 사라졌다.

이규태는 나주에서 강진병영과 강진현감으로부터 장흥부와 강진병영이 농민군의 수중에 들어갔다는 보고를 받았다. 12월 12일 일본군이 먼저 장흥 방면으로 출동하였다. 일본군은 세 부대로 나누어 한 부대는 교도중대 2분대를 데리고 영암 방면으로, 한 부대는 통위병 30명을 데리고 능주 방면으로, 한 부대는 남은 교도대 병사를 데리고 장흥 방면으로 직행하였다.

한편 이규태는 같은 날 남은 군사를 수습하여 일본군과 길을 달리하여 무안 읍내로 들어갔다. 그는 장흥전투에 소외되어 있었다. 일본군은 그에게 처음에는 장흥전투의 경과도 알리지 않았고, 그리하여 그는 12일에야 강진병영에 도착하였다. 이 곳의 농민군은 통위영병과 접전을 벌인 뒤 장흥으로 후퇴하였다. 15일에는 일본군이 장흥에 도착하여 통위영병과 합세하였다.

이 날 농민군과 경군, 일본군은 장흥을 중심에 두고 치열한 전투를 벌였다. 농민군은 벌판인 석대등에서 마지막 항전을 벌였다. 농민군은 화력에 밀려 수백 명의 시체를 남기고 패주하였다. 장흥전투에 참여하였던 농민군은 섬으로 들어가기도 하고 해남 무안으로 달아나기도 하고 곰재를 넘어 보성 쪽으로 달아나기도 하였다. 한편 해남에서 장흥을 지원하려는 농민군 수천 명이 모여 있다가 패전 소식을 듣고 흩어졌다. 이 전투는 북접 농민군이 벌인 보은의 북실전투와 함께 마지막 항전으로 꼽힌다.

씨도 남기지 말라

이규태는 장흥전투를 끝낸 뒤 군사를 이끌고 해남 목포 방향으로 나왔다. 그가 목포에서 머물고 있는 동안은 심한 폭풍과 파도로 움직일 수가 없었다. 그는 목포에 4일 동안 머물다가 해남과 진도 등지를 순행하고, 연달아 무안과 해남 등지에 머물며 농민군 색출과 처벌에 열을 올렸다.

이규태는 무안에서 수성군들이 잡은 배규찬(裵奎瓚, 배상옥의 동생), 오덕민(吳德敏), 조광오(趙光五), 김문일(金文日), 박경지(朴京之), 박기운(朴沂雲), 김효문(金孝文), 양대숙(梁大叔), 서여칠(徐汝七), 박기년(朴淇年) 등 농민군 지도자들을 수성소에서 죽이지 말고 좌선봉진으로 보내라는 지시를 내렸다. 그가 12월 17일부터 한때 유진하고 있던 해남 우수영 앞은 농민군 처형장이 되었다. 우수영 문에는 효수된 많은 농민군의 머리가 걸려 있었고 우수영 언저리에는 버려진 농민군의 시체가 널려 있었다. 또 우수영 앞을 막고 있는 울돌목 바닷물은 농민군의 피로 얼룩졌다.

일본군들은 장흥 석대전투에서 농민군을 궤멸하고 나서 해남 등지로 들어와 잔여 농민군 토벌에 나섰다. 일본군은 출동할 초기부터 농민군을 엄격하게 처벌하라는 이노우에 공사와 미나미 사령관의 지시를 받고 있었다. 하지만 어디까지나 진짜 농민군 또는 지도자급을 색출해 처단하라는 규정이 있었다. 그런데 장흥전투를 끝낸 뒤 사정이 달라졌다. 당시 일선 지휘를 맡았던 일본군 장교는 이렇게 기록하고 있다.

장흥 강진 부근 전투 뒤에 많은 비도들을 죽이라는 방침을 정하였다. 이는 소관(小官) 한 사람의 판단으로 결정한 것이 아니라 훗날에 다시 봉기할 가능성을 없애기 위하여 다소 살벌하리라는 느낌을 줄지라도

사살하라는 공사와 사령관의 명령이 있었기 때문이다. 장흥 언저리에서
는 백성을 협박하여 동학당에 가담시켰기 때문에 그 수가 실로 수백
명에 이르렀다. 그리하여 진짜 동학당은 잡히는 쪽쪽 죽여버렸다. (『동
학당정토기』)

이처럼 농민군 접주 등 지도자는 말할 나위도 없고 단순 가담자도
용서없이 처형을 당했고 마을은 텅텅 비게 되었다. 이 무렵 농민군은
대내장에서 17일 소규모의 마지막 전투를 벌인 뒤 완전히 해산하여 섬
으로 도망쳤다. 그러나 도망친 농민군들은 무장을 하고 있었기 때문에
마음을 놓을 수 없었다.

마침 일본의 기선 두 척이 목포항에 정박해 있었다. 연달아 폭풍이
일고 있어서 조선배로는 섬을 돌아다닐 수가 없었다. 이에 이규태는
일본군에게 기선의 출동을 간곡하게 요청하였다. 섬으로 들어가 색출작
전을 펴주기를 요청한 것이다.

당시 이 지역에서 피살된 농민군과 양민의 숫자를 보면 이규태가 장
흥으로 가는 길에 영암에서 2만여 명을 죽였고, 이두황과 이규태와 일본
군이 연합하여 해남에서 3만 6천여 명을 죽였다고 하였다(『오하기문』).
이 숫자에는 나주공방전, 강진병영 전투, 장흥 석대전투에서의 피살자
는 포함되어 있지 않다. 그 밖에 각 고을의 수성소에서는 몇십 명 또는
몇백 명 단위로 즉결 처형이 이루어졌다. 따라서 죽은 농민군의 숫자는
2차봉기 이후 나주, 함평, 남평, 무안, 해남, 영암, 진도 등지에서 줄잡아
몇 만 명으로 추산된다.

얼어죽고 굶어죽은 숫자도 헤아릴 수 없이 많았다. 가족과 친척들도
잡혀서 죽음을 당했다. 게다가 견디지 못해 자살한 자들도 많았다. 황현

은 다음과 같이 쓰고 있다.

> 모진 추위로 도둑들은 도망칠 수도 없었고 숨을 수도 없었다. 골짜기
> 와 암굴 속에서는 얼어죽은 자, 목매 죽은 자도 많았다. 평민들이 기운을
> 내서 다투어 도둑들을 죽였다. (『오하기문』)

그러니 굶어죽은 자, 얼어죽은 자, 목매어 자살한 자, 개인이 죽인
자까지 포함한다면 그 숫자는 훨씬 더 많았을 것임은 충분히 짐작할
수 있다. 마을은 텅텅 비고 거리와 골짜기는 피로 얼룩졌으며 꽁꽁 언
시체들이 나뒹굴었다. 그야말로 마지막 토벌이 행해진 강진, 영암, 해남,
무안 지방은 아비규환의 지옥을 방불케 하였다.

약탈 방화와 재산을 몰수하다

연로를 내려오면서 관군은 말할 나위도 없고 보부상패와 민포군들이,
비도를 수색한다는 핑계로 골골을 누비면서 부녀자 강간하기, 보물 빼앗
기, 곡식 실어 나르기 따위를 자행하고 심지어 불법으로 살인을 저지르
고 방화까지 하였다. 또 농민군이 보유하고 있는 양곡이나 돈을 약탈하
여 자기네들끼리 분배하기도 하였다. 농민군 소유의 재산도 마음대로
몰수하여 착복하기까지 하였다. 그 불법, 탐학 그리고 약탈의 정도를
알아보자.

순무사 신정희는 별도의 통로를 통해 이러한 사실을 알고 있었던 모
양이다. 그는 좌선봉장 이규태에게 다음과 같은 전령을 내렸다.

행군 중에 가장 금지하는 것은 민간인에게 폐단을 끼치지 않는다는 한 조목이다. 그런데도 많은 병정들이 연로를 행진하면서 더러 비도를 수색한다고 핑계 대고 밤에 마을에 들어가 평민을 위협하기도 하고 재물을 강제로 빼앗기도 하는 따위의 작폐를 하고 있는 사실이 곳곳에서 들려온다. 어찌 이와 같은 군율이 있을 수 있는가? 상세히 조사해서 과연 곡식 한 통, 김치 한 동이라도 빼앗는 일이 있는 자는 밝히 그 죄를 주라. (『순무사각진전령』 11월 29일자)

미지근한 단속이 먹혀들 리 없었다. 더욱이 장수들이 방조하거나 스스로 이런 일을 저지르고 있었다. 한편 순무영에서는 다음과 같은 방침을 하달하여 실제로는 이러한 경향을 조장하는 결과를 빚었다. 네 가지 조목을 요약하면 이러하다.

첫째 징계하고 박멸하는 일은 엄하게 하지 않을 수 없다. 이들을 제거하지 않으면 후환을 남기게 될 것이다. 그러니 정적이 드러난 자는 낱낱이 적발하여 용서 없이 죽일 것

둘째 살육은 함부로 해서는 안되니 권한을 받은 자만이 시행해야 한다. 근래 참모와 군관(중간 장교급), 유회(민포군), 상사(보부상패) 등이 함부로 죽이고 있다. 출진한 장령과 초토사 소모사 등 이외에는 함부로 죽이지 못하게 할 것

셋째 재산을 몰수하고 돈을 받고 용서하는 조치는 신중하게 하지 않을 수 없다. 근래 모든 군진에서는 죄의 경중을 가리지 않고 먼저 그 재산을 몰수하고 속전(贖錢, 용서하는 대가로 받는 돈)을 받고 풀어준다고 한다. 원흉으로 잡아죽인 자 이외에는 재산을 몰수하지 말 것이며 속전을 받는 일은 결코 시행치 말 것

넷째 보부상패는 토벌에 참가하지 말게 하라. 그들은 본디 정보문서를
전달하거나 통신의 업무를 맡았으니 별로 하는 일 없이 무리가 모이지
못하게 할 것

미나미는 이런 광경을 보고 일본공사 이노우에(井上馨)에게 알렸고
이노우에는 다시 순무영에 시정을 요구하는 글을 다음과 보냈다.

비도들을 잡으면 감사(전라감사를 말함)가 그 경중을 가리지 않고
곧바로 참형에 처하고 법을 따르지 않고 있습니다. 또 참모 소모 별군
따위들이 난리를 틈타 백성을 흔들어서 지방에 해독을 끼치고 있다고
합니다. 동학비당은 귀국의 역적만이 아니라 우리나라에게도 비도입니
다. 동비의 괴수를 잡으면 서울로 압송하여 법에 따라 죄상을 묻게 하십
시오. 또 참모 소모 따위는 하루 빨리 소환하여 민심을 안정시켜 다음의
화란을 방지하십시오. (『순무사각진전령』)

아무튼 중앙정부에서는 토벌할 군대 외에도 여러 가지 직함을 띤 벼
슬아치들을 내려보냈다. 곧 현지에서 군수물자를 조달하는 임무, 군사
를 모집하는 임무, 백성을 위무하는 임무 따위를 띤 자들을 보냈던 것이
다. 박봉양은 운봉 출신으로 양호참모관, 순창출신 임두학은 호남소모
관, 고부군수 윤병은 호남도소모사로 임명하였다. 이들의 폐단을 두고
이렇게 전하고 있다.

민포군이 일어날 때 이를 통솔하는 자를 모두 소모관 참모관이라 불렀
다. 혹 도둑을 놓아주고 뇌물을 챙겼으며 혹 시세를 타서 원수를 갚기도
하는 따위 폐단과 소요가 아주 많았다. (『오하기문』)

아무튼 일본으로서는 법에 따라 처벌하고 함부로 죽이거나 약탈을 방지해 달라고 요구하고 있었다. 어떤 속내였을까? 바로 민심을 자기편으로 끌어들이려는 전술이었다. 아무튼 위의 지시가 먹혀들 리가 없었다. 나주와 해남과 무안에서 일어난 몇 가지 사례를 보자.

경군은 12월 중순경에 목포에 진주하여 토벌전을 벌이고 수색에 나섰다. 이규태는 각 마을에 농민군을 수색하여 잡으라는 지시를 내렸다. 그리하여 병정들이 마을마다 들어가 유죄와 무죄를 가리지 않고 집집마다 수색을 벌였다. 그런 탓으로 마을이 텅텅 빌 지경이었다. 또 장작이나 김치 따위의 먹거리를 마을마다 배당하여 염출하고, 마구잡이로 땔감과 양곡과 김치 같은 생필품을 약탈하였다.

농민군이 주둔해 있던 무안 대월리에는 농민군이 비축해둔 양곡 백여 석과 돈 천 냥, 군기 등 많은 물품이 있었다. 농민군들이 흩어진 뒤 삼향면 원동에 사는 토호 나중민, 김기삼이 장정을 데리고 이를 실어가서 착복하였다.

관군을 빙자한 사기꾼들도 등장하였다. 별무사 안 첨지(이름이 아님)라는 자는 무안 진남면에 사는 양수여로부터 물침표를 얻어달라는 부탁을 받았다. 안 첨지는 박수기라는 자를 보내 뇌물을 받아 챙겼다. 박수기는 다른 생각이 나서 병정 이창순에게서 창, 병정 강한조에게서 갑옷, 병정 김순기에게서 배자를 빌리고는 관군 흉내를 냈다. 그는 이런 차림새로 말을 타고 민가를 돌아다니면서 재물을 우려냈다. 결국 교도대의 군사에게 붙잡혔는데 말에 실은 짐을 조사해 보니 여름옷과 겨울옷, 포목 따위가 가득 들어 있었다. 이런 모습은 시세를 이용하여 사기행각을 벌인 사례이다.

해남 현산면 백포에는 사족인 윤씨들이 집단마을을 이루고 살았다. 이 곳 윤씨들은 집강소 기간에 농민군의 위세에 눌려 곡식이나 돈을 낸 일이 있어서 농민군이 해산된 후 수성군과 경군의 핍박을 받게 되었다. 이에 이들은 다시 곡식과 돈을 수성소와 경군에 바치고 나주 초토영의 군사들과 경군의 보호를 받아야 하였다. 호구 단위로 완문(完文)이라는 이름의 물침표(勿侵票)를 여러 장 받았던 것이다. 나주목사가 발행한 완문의 하나를 알아보자.

해남 백포는 곧 윤씨들의 세거지(世居地)이다. 그런데 이들은 선비의 지조를 지켜서 동도에 물들지 않았으니 극히 가상하다. 비록 소탕하는 때일지라도 특별히 편안케 보호해 줄 것.

윤씨들은 경군들이 몰려와 행패를 부릴 경우 이 물침표를 내밀어 약탈을 막을 수 있었다. 하지만 여느 사람들은 물침표를 발급 받는 것은 엄두도 내지 못했다. 돈이든 쌀이든 그만한 대가를 지불해야 하였던 것이다. 이런 사정이라 이 지역의 마을들은 텅텅 비거나 불에 타서 폐허가 되었다. 그리하여 이규태는 우수영에 머물고 있을 때 해남 읍내에 다음과 같은 방문을 내걸게 하였다.

지금 읍내에 이르러 사정을 보니 몇 괴한들이 작폐를 했는데도 유죄 무죄를 가리지 않고 모조리 도망쳐서 열에 아홉 집이 비었다. 이것이 조정에서 백성을 안무하는 본 뜻이겠는가? 거괴로 작폐를 부린 자 외에 강제로 귀화한 자는 양민이라 할 수 있을 것이다. 구실아치나 평민을 가릴 것 없이 조금도 의구심을 갖지 말고 생업으로 돌아와 편안하게

살라. 만일 여전히 도피하는 자가 있으면 수색해 잡힐 적에는 마땅히
형벌을 받으리라. (『선봉진일기』)

이런 일은 해남에만 국한해서 일어나는 현상이 아니었다. 이웃 고을
도 모두 같은 상황에 놓여 있었다. 비록 주민을 안도케 할 의도로 타이르
는 이 같은 방문을 내걸게는 했지만, 실제로 경군의 행패는 끝이 없었고
일본군은 마구잡이로 처형을 하였다.

한편 나주감옥에 갇힌 사람들도 뇌물을 바쳐야 하였다. 그 통로는
목사 민종렬일 수도 있고 수성군 장교일 수도 있고 경군이나 일본군일
수도 있었다. 오랜 불법적 관행이었던 유전무죄(有錢無罪)는 이 때에도
통용되었던 것이다. 또 버려진 시체를 함부로 거둘 수도 없었다. 일반인
의 접근을 금하였기 때문이다. 그러다 보니 파수를 보는 포교나 수성군
의 군졸들에게 뇌물을 쓰고 나서야 시체를 찾아갈 수 있었다.

초토영 감옥의 처절한 모습

앞에서 언급한 대로 나주 초토영은 왕명으로 설치되었고 나주목사
민종렬은 호남초토사로 임명되었다. 따라서 토벌군 사령관(좌선봉장)인
이규태와 민종렬은 현지 농민군을 토벌하고 처형하는 책임을 지고 있었
다. 그런데도 왕명에 따라 수행되어야 할 이 형벌권마저 일본군에게
넘어갔다.

일본군 대대장 미나미는 현지 작전지휘권을 쥐고 있었기 때문에 이규
태나 민종렬은 그의 규제를 받고 꼭두각시가 되어야 하였다. 그런데
장흥전투가 일어날 무렵 미나미는 농민군 체포 명령을 호남의 모든 군현

에 내리고 거괴(巨魁)는 특별히 현지에서 처형하지 말고 나주 일진대대 본부로 보내라고 지시하였다. 장흥전투를 끝낸 미나미는 다시 12월 중순경 나주로 돌아와 순사청을 차리고 호남의 수령들에게 거듭 "모든 농민군들을 잡아들일 것이며 거괴들은 나주 순사청으로 보내라"고 지시하였다. 이는 일종의 내정간섭으로 불법적인 조치였지만 수령들은 여기에 감히 저항할 수가 없었다.

초토영 감옥에 대한 자세한 기록은 거의 없다. 아마도 거괴 수백 명을 잡아 감옥에 가두었으니 일단은 평상시보다 옥사를 크게 늘렸을 것이다. 다만 주민의 증언에 따르면, 토굴감옥이 예전 남문 앞에 있었는데 그 터가 지금의 나주초등학교 자리라고 한다(표영삼, 「나주지역 혁명운동」, 『교사교리연구』 7호 참고). 한편 일본군은 순시청을 설치하고 주요 죄인을 수감하였으므로 순시청의 감옥도 별도로 만들었던 것으로 보인다.

아무튼 이들 감옥과 관련된 이야기는 단편적으로만 전해질 뿐이다. 여기에서 소개하는 김낙철·김낙봉 형제의 기록 곧 「김낙철 역사」와 「김낙봉 이력」에 보이는 내용은 그 편린을 우리에게 알려준다. 이들 형제의 기록에는 서울로 잡혀가는 과정에 대한 이야기도 언급되고 있다. 이 사료를 통해 감옥들의 실상을 알아보기로 한다.

낙철·낙봉 형제는 부안 갈촌에서 살았다. 형인 김낙철은 북접 계열의 부안 접주로 집강소 기간에 전봉준의 봉기에 별로 협조하지 않고 부안군수 이철화와 후임 군수 윤시영에게 협조하여, 농민군이 부호와 양반 무리를 침탈하는 일을 막았다. 다시 말해 농민군 집강소를 차리기는 하였으나 '관민상화'에 따라 양 다리를 걸쳤던 것이다. 그리하여 12월

들어 농민군이 토벌을 당할 때에도 몸을 피하지 않고 자신의 집에서 동정을 엿보고 있었다.

김낙철과 낙봉 형제는 12월 21일 처음 나주 수성군에게 체포되었다. 나주 수성소에서, 오권선이 나주에서 도망쳐 김낙철의 집에 숨어 있다는 정보를 얻어 수성군 50여 명이 출동한 것이다. 그들은 오권선을 찾지 못하고 대신 김씨 형제를 잡아갔다. 이들 형제의 목에 칼을 씌우고 일단 부안군 관아로 끌고 갔다.

이 때 경군과 일본군 30여 명이 부안 관아로 몰려와 죄인을 모두 인계하였다. 밤에 나주 수성군이 옥사의 김낙철에게 와서 은밀하게 말하기를, "돈 400냥을 내면 무사히 풀려날 수 있다"고 일러주었다. 형제는 급히 친지를 통해 돈 20냥을 겨우 마련하여 나주 수성군들에게 전달하고자 하였으나 행방을 찾을 수 없어 전달하지 못하였다. 그들은 경군과 일본군이 온다는 소식을 듣고 다른 곳으로 가버렸던 것이다.

어쨌든 다음 날 새벽에 이들 형제와 여러 죄인들은 경군과 일본군에게 끌려나왔다. 경군과 일본군들은 죄인을 전주로 데려간다고 말하였다. 그러자 이들 형제와 친분이 있던 부안의 구실아치들은 "나주로 끌려가게 되면 일이 매우 어려워질 텐데 전주로 간다고 하니 염려 놓으라"고 말해 주었다.

이들이 전주로 끌려가던 도중에 김제에 이르렀다. 여기에서 한 가지 말해둘 것은 이들 형제는 김제의 지인들로부터 술대접을 받는 등의 위안을 받았다. 이 때 홍가 성을 가진 사람이 찾아와 "제가 김 생원 밑에서 포군으로 몇 달 따라다녔습니다. 입으신 두루마기가 아까우니 나에게 벗어주시오"라고 부탁하자 순순히 벗어주었다 한다. 이 곳에서 방향을 돌려 나주로 끌려왔다. 나주의 일본군 대대장소에서 편지를 급히 보내 나주로 끌어오게 한 것이다. 죄인의 대열 뒤에는 이들 형제의 종제인 김낙정이 종자 몇 사람을 데리고 계속 따라왔다.

고부에 이르렀을 때 지인 김진안이란 자가 찾아와 돈을 내어 방면될 수 있다면 몇 천 냥이든 낼 수 있다고 하니, 동석한 고부군수 윤병관이 놀라 "외국 법률에는 죄없는 자라 해도 돈을 가지고 말하면 없는 죄도 있다고 하니, 만일 돈으로 말하다가는 죽음을 면키 어려울 것이다. 무죄면 방면될 터이니 염려 말라"고 말하였다. 이들 일행이 장성에 이르렀을 때 "나주에서는 따라온 사람도 모조리 죽인다"는 말을 듣고는 김낙정을 억지로 돌려보냈다.

다음 해 정월 3일, 이들 형제는 나주감옥에 수감되었다. 이들 형제와 함께 잡혀온 혐의자들은 총 32명이었는데, 이들을 모두 묶어서 끌고나와 나주관아의 문루 앞에 도열하게 하였다. 이 때 나주 수성군들과 일반 사람 백여 명이 몰려와 가죽신과 몽둥이로 이들을 두 시간에 걸쳐 두들겨 패고 발길질을 하였다.

그런데 유난히 두 형제에게 더 심하게 굴었다. 먼저 부안에 왔던 포교 두세 명이 입의책(立義冊, 돈 낸 액수를 적은 치부책)을 들고 펄펄 뛰면서 "너희 형제를 다시 보는구나. 너희들을 다시 못 볼 줄 알았더니 다시 보게 되었구나"라고 하면서 심하게 다루었다. 수성군들은 이들이 돈 400냥을 바치지 않았다 하여 앙심을 품고 나주 경내에 이르자 달려들어 머리를 뒤로 묶어 앞을 보지 못하게 하였으며 몽둥이와 철편으로 연달아 두들겨 팼다. 또 영문 앞에 이르자 서너 시간에 걸쳐 몽둥이와 철편 따위를 동원하여 마구잡이로 때려댔다.

이어 두 형제는 다른 죄수 30여 명과 함께 토굴로 된 감방에 갇혔다. 토굴에는 이미 12명이 갇혀 있었는데 어깨와 갈비뼈가 부러진 사람들이 피를 흘리며 신음하고 있었다. 더욱이 토굴 안이 좁아 사람들은 삼단처럼 촘촘하게 서서 움직이지도 못한 채 그냥 버티고 있었다. 호흡도 어려웠고 바닥에는 피가 흥건하게 고여 있었다. 밥도 먹지 못하고 물 한 모금도 주지 않았다.

다음 날 포졸이 와서 김낙봉을 불러내더니 "너희 집에 알려 돈 400냥을 가져오면 살려줄 수 있다"고 하면서 종이와 붓과 먹을 주며 편지를 쓰라고 공갈하였다. 김낙봉은 어쩔 수 없어 편지를 써주었다. 포졸은 날쌘 동작으로 편지를 들고 사라졌다.

이 무렵 장흥의 여자 동학농민군 한 명이 붙잡혀왔다. 여자의 이름은 이조이(李召史, 여자 이름일 때는 조이라 발음)였는데 사람들은 신이부인(神異夫人)이라고 불렀다. 관변에서는 "요사스런 말을 떠들어대서 어리석은 백성을 현혹시킨 일대 요물"(『우선봉일기』)이라고 하였다. 그녀는 붙잡힐 당시 병이 든 상태였기 때문에, 그녀의 남편 김양문도 함께 붙잡와 와 아내의 병을 돌보게 하였다. 그 뒤 이조이의 행방은 알 수 없으나 당시 큰 화제를 불러일으킨 것 같다.

아무튼 사흘 뒤 곧 1895년 정월 6일, 이들 형제를 포함하여 죄수 29명은 일본군이 관리하는 순사청으로 이감되었다. 이들 중 3명은 체포령이 내리지 않았는데도 붙잡혀 왔다 하여 풀려났다. 순사청 옥사에는 이미 보성군수 유원규, 장흥 대접주 이방언 등 거물급 죄인 수십 명이 수감되어 있었다. 전봉준과 손화중 등(최경선, 김덕명도 포함된 듯함)은 그 전날 서울로 끌려갔다는 이야기를 들었다. 나주감옥에 있던 27명은 즉결처형한 후 시체는 길거리에 내다버렸다.

한편 편지를 받은 종제 김낙정이 급하게 농우를 팔아서 400냥을 마련하여 나주로 달려갔다. 하지만 돈을 어디에다 내야 할지 몰라 방황하는 중에 처형 당한 시체들을 보고는 형제의 시신인가 싶어 찾아헤맸다. 그러다 어떤 사람에게 이들 형제는 순사청에 수감되어 있다는 말을 듣고 순사청 감옥으로 달려갔다. 김낙정은 음식을 사서 감방에 들여보내기도 하고 장작을 사서 온돌을 지피기도 하였다.

그런데 지난 해 제주 사람들이 흉년이 들어 부안 등지로 나와 쌀을 사려 하였다가 뜻을 이루지 못한 적이 있었다. 당시 김낙철이 어려움에 빠진 이들을 도와 쌀을 실어나르도록 주선해 주었다. 마침 제주도 사람들이 영산포에 왔다가 김씨 형제가 체포되었다는 소문을 듣고는 민종렬을 찾아가 그 사실을 알리며 이들을 살려달라는 등장(等狀)을 냈다. 민종렬은 그 등장을 들고 미나미를 찾아가 연유를 말하며 살려달라고 간곡히 요청하였다. 아마도 제주도 사람들이 민종렬에게 뇌물을 듬뿍 썼을 것이다.

그러자 미나미는 "그럼 이번에는 처형을 면하게 해주겠다"고 약속하였다. 이에 민종렬이 임금에게 그 사유를 적은 장계를 올렸다. 임금은 "곧 바로 놓아 보내라"는 비답을 내렸다. 이 대목에서 한 가지를 덧붙이면 당시 나주는 서울과 직통이 가능한 전보시설을 갖추고 있었다. 민종렬이 임금의 비답을 들고 다시 미나미를 찾아가 석방을 요청하니 미나미는 "오늘의 일은 권한이 나에게 있으니 이런 큰 두목을 처형은 면케 할지라도 석방은 할 수 없다"고 하였다. 미나미는 일국의 왕의 결정까지 거부하였던 것이다.

날마다 저녁 무렵이 되면 죄수 한 사람씩을 불러내 포살하였다. 사령이 처형시킬 죄인의 이름을 적은 장대를 앞세우고 나오면 뒤에 군인 수십 명이 따라왔다. 옥사 앞에서 처형할 죄수의 이름을 부르면 감방 안의 죄수들은 사색이 되기도 하고 안도의 한숨을 쉬기도 하였다.

26일 미나미는 직접 남은 죄수들을 데리고 서울로 길을 떠났다. 이때 김낙정이 서울로 끌려가는 형제의 뒤를 따라붙었다. 김낙정은 일본군의 일꾼이 되어 포를 지는 등 노역을 하며 따라다녔다. 이들 형제와 이방언 등은 서울 진고개에 있는 일본인 순사청 감옥에 수감되었다. 여기에는 죄인 수백 명이 갇혀 있었는데, 성두환, 손화중, 전봉준, 최경선 등도 포함되어 있었다. 여기에서도 죄수들은 밥을 제대로 주지 않아 굶주렸다. 이들 형제는 김낙정이 간간이 넣어준 밥으로 겨우 목숨을 부지하였다고 한다.

아무튼 이들 형제는 너댓 차례 심문을 받고 3월 21일 풀려났다. 이때 5명이 석방되었는데 이방언과 김방서 등이 포함되어 있었다. 풀려난 지도자들은 뇌물을 썼든 고관에게 줄을 댔든 어쨌든 각기 하나씩 뒷줄이 있었다. 예컨대 이방언의 경우는 흥선대원군과 줄이 닿아 풀려날 수 있었다는 말이 전해진다.

위에서 보았듯이 체포되어 끌려다닌 과정을 통해 실상을 대충 엿볼 수 있을 것이다. 이들은 거두였기에 서울까지 와서 절차를 밟고 일본 순사의 심문을 받을 수 있었지만 나머지 농민군들은 모조리 나주 초토영 또는 현지 수성군에게 처형을 당했다.

그런데 전봉준, 손화중, 김덕명, 최경선, 성두환 등은 정식 재판을 받은 후 사형을 받았으나, 풀려난 지도자들은 오히려 고향으로 내려와 다시 처형을 당하였다. 전라감사 이도재와 호남 초토사 민종렬은 석방된 지도자들조차 기어코 죽이려고 하였다. 이도재는 개화파 계열 인물로, 개화정부가 들어서자 김학진의 후임으로 전라감사로 부임하였다. 김학진은 전봉준과 협의하여 집강소 활동을 도왔다. 이도재는 전임인 김학진이 농민군을 도운 사실을 못마땅하게 여겼다. 이에 이도재는 철저하게 농민군을 색출하여 처형하는 방침을 정하여 이를 각지 수령들에게 통고하였다. 그래서 김개남을 전주로 데려와 정식 재판도 거치지 않은 채 즉결처분하였으며 서울에서 석방된 이방언 역시 장흥에서 끝내 처형시켰다.

이들 형제에 대해서도 다시 체포령이 내렸으나 도피 끝에 겨우 목숨을 부지하였다. 이도재의 이러한 불법 처형으로 죽은 농민군은 그 숫자를 헤아릴 수 없었다.

민종렬이라 해서 조금도 나을 것이 없었다. 그는 오히려 현장에서 사형집행을 지휘하였기 때문에 그의 손은 피를 묻히지 않은 날이 없었다고 한다. 그러니 농민군을 죽인 주요 범죄자는 미나미를 우두머리로 한 일본군, 경군을 지휘한 이규태와 이두황, 그리고 이도재와 민종렬 등이었다고 하겠다.

마지막 농민군 소탕전

1895년 정월, 농민군의 활동이 거의 잠잠해졌다. 미나미는 장흥 지방에 머물고 있던 이두황에게 "각 지방의 동도들이 거의 진정된 것 같으니 축하드립니다. 귀대는 그 쪽 임지를 떠나 나주로 돌아옴이 옳을 것입니다"(『우선봉일기』)라는 공문을 보냈다. 물론 해남 근방에 주둔하고 있던 이규태도 같은 연락이 갔다. 해남군수는 이규태와 매부 사이라서 이규태는 해남에 오래 머물며 농민군 색출에 열성을 보였다.

경군과 일본군은 이 해 연말과 다음 해 정월에 현지의 토벌작전은 수성군에게 맡기고 단계적으로 철수하기 시작하였다. 하지만 농민군들이 완전하게 소탕된 것은 아니었다. 장흥, 강진과 무안, 해남 등지의 싹쓸이 토벌전이 전개된 이후인 12월 말경부터 농민군들은 산속 은밀한 곳에서 작은 규모로 모여 있기도 하고 무기를 들고 육지와 가까운 섬으로 도망치기도 하였다.

12월 초순부터 일본 군함 두 척이 목포에 정박하여 해남 우수영을 맴돌기도 하였다. 두 척의 군함은 바로 여수 장흥 쪽에서 들어왔다. 11월 말경 김인배가 지휘하는 농민군어 여수 좌수영을 공격할 때 일본군은 모자라는 병력을 해군 육전대로 보충하고자 하였다. 육전대는 부산에서 파견된 스즈키(鈴木) 중위가 지휘하는 중대와 연합하여 여수 일대에 상륙하였다.

일본 군함은 쓰쿠바 호(筑波號)와 그 부속선이었다. 이 군함은 처음에는 해안 측량을 빙자하여 부산에서 육전대 병력을 싣고 여수로 항해하였다. 그리고 여수전투를 끝내고는 장흥 앞바다로 진출하였다. 이 무렵의 군함의 목적은 섬으로 도망치는 농민군을 체포하고 농민군 토벌대의 병력을 실어 섬 일대를 순항하는 것이었다. 이에 대해 미나미는 이렇게 말하였다.

좌수영으로부터 우리 해군의 크고 작은 두 군함이 남쪽 서쪽 연안바다를 두루 순행하는 것은 곧 동도의 도망을 막으려 하는 것이다. 만일 근해에 기착하게 되면 땔감과 쌀과 장을 요구하는 대로 조달해 달라. (『우선봉일기』)

미나미는 나주에서 이러한 공문을 모든 관련 기관으로 보냈다. 그러니 또 한 번 섬들이 소란에 휩싸이게 되었다. 하지만 쓰쿠바 호는 처음 목포에 들어온 뒤 한동안 폭풍과 심한 파도 때문에 묶여 있었다. 이들 군함은 일주일 정도 정박해 있다가 각 포구를 돌았는데, 포구의 만호 첨사들이 일본 해군의 생필품을 마련하느라 분주하게 돌아다니면서 섬 사람들을 못 살게 굴었다. 이두황과 이규태는 섬 사람들에게 다음과 같은 전령을 보냈다.

외로운 섬에서 살기란 평소에도 어려울 것이다. 돌밭에 씨를 뿌려 조 따위 잡곡만 거두었을 것이며 꼬막이나 해초를 거두어 살았을 것이다. 그 정상을 생각하니 불쌍히 생각된다. 근일 비류들이 도망쳐서 섬으로 숨어들어 그 밥을 나누어 먹고 그 옷을 나누어 입으니 불쌍한 섬 사람들은 장차 어떻게 살아가리오. 비도들 속에 행패를 부리고 노략질한 자들은 곧바로 결박해서 진중으로 잡아들일 것이며 그 밖에 침해하지 않은 자는 각기 생업으로 돌아가게 하라. 거괴는 지금 이미 잡았으니 섬에 흩어져 있는 자들은 조무라기에 지나지 않는다. 조무라기들에게는 특별히 용서하는 은전을 베풀었으니 조금도 의심하지 말고 돌아가 즐겁게 생업에 종사할 것을 낱낱이 타일러 돌려보내라. (『선봉진일기』)

거짓말을 마구 섞어 섬 사람들을 회유하고자 하는 술수가 깔려 있다. 또 섬으로 도망치고 있는 농민군을 향해서는 이런 전령을 보내고 있다.

　너희들은 본디 양민이었는데 혹 사설(邪說)을 달게 듣기도 하고 혹 위협에 견디지 못해 필경 억지로 협종이 되었을 것이다. 그리하여 본업을 포기하고 시키는 대로 성과 집을 불태우고 사람을 죽이고 재물을 약탈하였다. 이미 좇아다니면서 저지른 짓이다. 대군이 위엄을 보이자 멀리서 바라보고 도망쳤구나. 거괴는 낱낱이 잡아들였다. 너희들은 겁먹고 도망쳐 숨었지만 너희들의 협종의 정상을 알아보니 실로 어리석어서였지 본심에서 나온 것은 아니었을 것이다. ……거괴는 이미 섬멸하였고 앞으로 수종들은 사면할 것이니 의심을 품지 말고 각기 집으로 돌아가 너희 생업을 지키면서 묵은 때를 씻어라.　(위와 같음)

　그러면서 지시를 따르지 않으면 모조리 잡아죽이겠다고 엄포를 놓았다. 이러한 지시를 믿고 따를 농민군이 몇이나 되었겠는가? 경군과 수성군들은 작은 섬에는 지대 단위로 출동하였다. 진도와 완도 등 큰 섬에는 많은 농민군이 도망쳐 똬리를 틀고 있었다. 그 보기로 덕도에는 농민군 5백~6백 명이 도망해 있어서 본대가 출동하여 토벌작전을 폈다. 또 현지의 민포군은 농민군이 도망쳐 오면 봉화를 올려서 육지의 경군과 수성군에게 알려 토벌대가 오게 하기도 하였다. 그야말로 소란과 살육이 육지에서 섬으로 옮겨붙은 것이다. 호남 서해안과 남해안 섬들은 유사 이래 많은 군대와 육지 사람들에 의해 짓밟히고 자갈밭은 피로 얼룩졌다.

　또한 민종렬은 전라도 수령들에게 "목하 탐학의 불꽃이 조금 줄어들었지만 여당이 아직도 치성하니 풀을 베고 뿌리를 제거함을 잠시도 늦출 수가 없다"는 공문을 보냈다.

　그리고 작통(作統)의 방법을 쓰라고 지시하였다. 곧 네 고을이 연합하여 서로 정보를 교환하고 무기를 공급해 주며 만일 위급한 일이 생기게 되면 연계하여 토벌하라는 것이다. 이에 따라 전라도 각 고을을 넷으로 묶었는데 나주·남평·무안·함평, 영암·강진·해남·진도를 각기 한 묶음으로 지정하였다. 곧 가까운 고을을 한 단위로 삼은 것이다. 이와 함께 조약을 통고하였는데 그 한 가지를 보면 다음과 같다.

> 각지의 수성군은 함부로 경계를 넘지 말 것이며 함부로 포살하지 말 것이며 함부로 민병을 동원하지 말 것이며 함부로 약탈하지 말 것이며 함부로 사사로운 원수를 갚지 말 것이며 함부로 의거를 빙자하지 말아 백성을 편안히 살게 하라. 만일 규율을 어기면 초토영에서 특별히 염탐하여 결단코 군율을 시행하리라. (『전라도각읍조약별록성책』)

초토사의 이러한 지시는 그동안 말할 나위도 없이 수성군들이 온갖 행패를 부렸다는 것을 뜻한다. 더욱이 새해 들어 경군과 일본군이 물러간 뒤에는 더욱 극성을 부렸다. 조금이라도 집안끼리 원수를 졌다거나 개인적으로 원한이 있으면 수성군이라는 이름을 빌어 죽이거나 재물을 약탈하였다. 또한 평소 갈등을 빚었던 집촌성끼리 서로 죽이는 사태로까지 번지고 있었다.

어쨌든 김낙철 형제가 고향으로 돌아와 보니 망건, 은장도, 풍잠, 가죽신 같은 집안의 물건이란 물건은 모두 다른 사람들이 약탈해 갔으며 논 8두락마저 다른 사람이 차지하고 있었다. 다만 아내와 자식들만은 숨어 지내 해를 입지 않았다. 관에 협조하여 한때 구실아치들의 보호를 받은 이들 형제조차 그 피해가 이정도였으니 진짜 농민군의 피해란 말할 나위도 없을 것이다.

제3부 호남 서남부 지역의 동학 농민군 지도자들

1. 무안지역 사정과 농민군 지도자 김응문 일가

1894년 농민전쟁이 일어난 그 날의 현장, 전라남도 무안지방으로 찾아가 보자. 이 곳의 농민군 지도자들은 대개 세 개의 성씨 집단에서 배출되었다.

우선 달성 배씨 집안이다. 배상옥을 위시로 하는 청천리의 배씨 일가들이 그들이다. 다음으로 나주 김씨 집안이다. 김응문, 김효문, 김자문, 김여정 등을 중심으로 하는 무안군 몽탄면 사창리와 다산리 일대 김씨 일가들이다. 다음으로 최씨 집안이다. 최씨 3형제를 위시로 하는 해제면 최씨의 집안이다. 물론 그 밖에 수많은 사람이 농민군에 참여했다. 이들은 어떤 이유로 동학에 참가하고 농민전쟁에 참여하게 되었을까. 또 이들 지도자 집단은 과연 당시 무안 지역사회에서 어느 정도의 위치를 차지하고 있었을까. 우선 무안 농민군 지도자로서 중요한 역할을 담당했던 김응문 일가를 한 번 살펴보기로 하자.

당시 이들 일가가 살고 있었던 지역은 현재의 지명으로 무안군 몽탄면 사창리와 다산리다. 몽탄면은 원래 무안군 박곡면(朴谷面)이라고 하였는데, 1910년의 지방제도 개편 때 목포부에 소속된 박곡면이 되었다

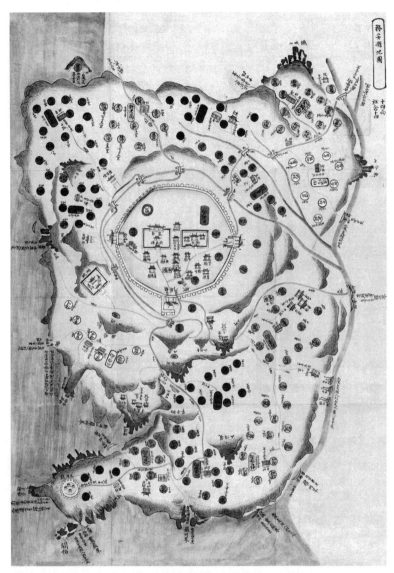

무안현 지도

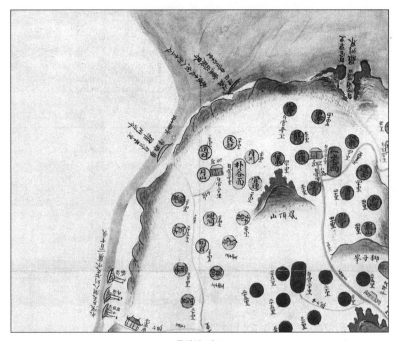

몽탄면 지도

가 1914년 일제에 의한 행정구역 개편에 따라 다시 무안군이 되었다. 이 때 이로면의 신적, 동망, 영춘 등 8개 리와 일로면(一老面)의 일부가 병합되기도 하였다. 1939년 면 이름을 몽탄면(夢灘面)으로 개칭하여 오늘에 이르고 있다. 1894년 당시 김응문 일가는 사창리와 이웃한 다산리 차뫼마을 등지에서 집성촌을 이루며 살고 있었다.

무안군 몽탄면에는 청동기시대의 고인돌이나 백제시기의 독무덤 등 다양한 문화유적이 산재해 있다. 유사 이래 지역주민들이 거주하기 적합한 곳이었던 것 같다. 몽탄면은 이 지역을 흘러가는 몽탄강에서 연유하였다. 몽탄강은 영산강 하류에 속하는데, 위로는 나주와 함평으로 이어

나주김씨 김창구의 족보(2)

지고, 아래로는 목포로 내려가는 강줄기를 가지고 있다. 예로부터 교역
과 물산이 거쳐 가는 주요 통로이기도 했으며, 영산포 상류 5킬로미터까
지 바닷물이 드나들기도 했다. 그런데 영산포 쪽의 유속이 10노트 정도
였기 때문에 지금의 목포에서 나주시 영산포까지는 배로 18시간이나
걸렸다고 한다. 이 곳 몽탄나루터는 후삼국시기 태조 왕건이 남긴 일화
가 전하는 곳이기도 하다. 견훤군에게 쫓겨 남쪽으로 밀려나려온 왕건이
몽탄강에 가로 막혀 오도가도 못하고 포위되는 위기에 빠졌다. 왕건이
지쳐 쓰러져 잠깐 조는 사이, 꿈에 신령님이 나타나 물 빠진 몽탄강을
건너가도록 알려주었다고 한다. 이렇게 위기를 모면한 왕건은 이후 후백
제군을 물리 물리쳤다고 한다.

조선시기에도 사창리 마을 앞에는 하동창(下東倉)이라는 곳이 있었는

나주김씨 김창구의 족보(1)

데, 명칭이 말해주듯이 조세미를 비롯하여 정부에서 필요한 여러 물자를
모아놓던 곳이다. 사창리(社倉里)는 바로 조선시기 내내 물화의 요충지
였던 것이다.

이런 곳에 나주 김씨가 터를 잡은 것은 지금으로부터 450년 전쯤이었
다.

족보에 따르면, 조선 선조 때에 광주목사를 지낸 김적(金適)이 문장과
덕행으로 이름을 떨쳤으며, 그 뒤 후손인 김충수(金忠秀)가 임진왜란
때 공을 세워 벼슬이 호조참판에 이르렀다. 김적의 사당인 취암사(鷲巖
祠 : 현 牛山祠)는 김충수를 배향하고 있다. 그래서 이 곳의 김씨 일가들
을 보통 취암의 후예라고 말하고 있다.

나주 김씨는 비록 지방에서 크게 유세한 벌족은 아니었으나 고을 양

반으로서는 일정하게 품격을 유지한 것으로 보인다. 특히 차뫼 마을 앞에는 제법 너른 들판이 펼쳐져 있고 경제적 재산도 상당히 축적하였던 것으로 보인다. 주변의 산들은 거의 나주 김씨가의 선산인데 그 규모가 매우 크다. 일제시기까지도 김씨 일문이 300여 호 가량 같이 살면서 동족마을로서 집성촌을 이루었다고 한다. 현재도 그 반수 정도가 마을을 지키고 있다.

나주 김씨들은 이러한 가세를 바탕으로 무안지역에서 큰 성씨인 박씨, 임씨, 유씨, 오씨와 함평지역의 노씨 등과 통혼관계를 유지하였다. 학문적으로는 이 지역 선비들 가운데 명망이 높았던 장성의 유학자 기정진(奇正鎭)과 밀접히 연관되어 있는 것으로 보인다.

우리가 주목할 인물은 이 곳 출신으로 농민군 지도자가 된 김응문이다. 먼저 그의 내력을 알아보자. 1915년에 간행된 나주 김씨 족보에 따르면, 김응문의 아버지는 광수(光綬)로 호가 다은(茶隱)이다. 이분은 1827년(순조 27)에 태어나 1870년(고종 7)에 죽은 것으로 되어 있다. '다은'이란 호는 그가 살고 있던 차뫼[茶山] 마을의 이름을 따서 만든 것으로 추측되는데, 아마 "차뫼에 은거하는 지사" 정도의 뜻이 될 것이다. 이 호는 이 곳에서 차가 많이 재배되는 정서를 드러낸 것이리라. 그의 부친은 천성이 온후하고 양친에 대한 효성이 지극하였으며, 시부에 능하였다고 되어 있다. 그렇지만 아쉽게도 불과 43세의 나이로 세상을 떠났다(『나주김씨세보』권3, 2001, 461쪽). 네 명의 아들을 남겼는데, 창구(昌九), 영구(永九), 학구(學九), 덕구(德九)다.

김응문은 맏아들로서 1849년(헌종 15)에 태어났다. 응문(應文)은 자이고, 처음 이름은 희규(喜圭)였으며 본 이름은 창구(昌九)이다. 몸집이

김창구의 옛 집터. 뒤뜰에는 5~6기에 이르는 청동기시대 옛무덤인 고인돌이 놓여 있다. 뒷담장에는 커다란 대나무숲이 전개되어 있다.

크고 신의가 있었고 성격이 청백(淸白)하였으며 글도 잘 써서 세간에 중함을 얻었다고 전해진다. 족보에는 돈녕부 도정을 지냈다고 기록되어 있으나 당시 정부의 관료 임면 자료에서 특별히 관련 기록을 발견할 수는 없었다. 돈녕부 도정은 아마 정식으로 임명된 실직은 아니었던 것으로 보인다. 호는 특이하게도 다만 글을 하는 선비로 다사(茶史)라고 하였다 한다. 아버지로부터 이어진 가풍을 엿볼 수 있다. 그가 지은 시문은 하나도 전하지 않으나 당시 그가 진보적인 농촌지식인이었다는 흔적은 여러 가지로 보인다.

그의 생가는 차뫼마을 어구에 있다. 옥녀봉 바로 아래 목 좋은 자리에 터를 잡았다. 지금도 생가터가 원형 그대로 보존되어 있다. 대지는 2천평 정도로, 뒤켠 대밭이 1천 평쯤 되어 집터로는 비교적 넓게 자리잡은 것을 알 수 있다. 현재의 본채는 일제시대에 보수하였다고 하는데 원래도 10칸이 넘는 대가였다. 규모로 보면 중규모의 지주라기보다는 오히려 대지주 쪽에 가깝다고 하겠다. 이 집에서 김창구의 조상은 9대쯤 살았다 한다. 김창구는 그 시대에 일반적인 양반지주의 아들들이 훈장을 모시고 글을 배우고 성장하면서 다른 지방의 선비를 찾아 학문을 익히던 관행을 따랐을 것이다.

김창구의 부인은 함평 노씨(魯氏)다. 아버지는 재규(在奎)이며, 할아버지는 통훈대부 사헌부감찰이라는 증직을 받은 영숙(榮璹)이었고, 증조부는 동몽교관을 받은 봉채(鳳采)였다. 함평 노씨는 1846년생이다. 그의 맏아들 우신(禹信)은 자가 여정(汝正)으로 1867년(고종 4)에 태어나 1894년 12월 8일에 죽은 것으로 기록되어 있다.

김창구의 동생 이름은 영구(永九)이고, 자는 효문(孝文)이다. 1851년(철종 2)에 태어났다. 이분은 생부가 아닌 집안의 장손이었던 광성(光星)의 아들로 출계하였다. 그도 돈녕부 도사에 임명되었다고 하는데 특별한 기록은 없다. 김영구는 호가 연사(淵史)였다. 부인은 함평 이씨로서 부는 치운(値運)이고 조부는 수정(守正), 증조부는 희현(希玄)이었다. 이씨 부인은 1848년에 나서 1876년 28세의 젊은 나이로 죽었다. 1873년 첫 아들 우식(禹植)을 낳았다. 아버지 영구와 우식은 기정진의 문하에서 수학한 것으로 보이는데, 특히 우식은 어려서부터 학문에 뛰어나 일찌감치 이름이 높았다고 한다.

셋째 동생 학구는 자가 윤문(允文)이고, 1864년에 태어나 1895년에 죽었다. 막내동생 덕구(德九)는 자가 자문(子文)으로 작은아버지의 대를 잇기 위해 광하(光河)의 집안에 들어갔다. 품성이 순수하고 독실하며 기품이 단아했다고 하며 효도와 우애가 매우 뛰어났다고 한다. 또한 지략이 뛰어나고 언론이 강직하여 다른 사람들이 그 말에 다 복종했다고 한다. 1868년(고종 5)에 태어나 1894년 12월 8일에 죽었다고 기록되어 있다. 족보에서 특이한 점은 동몽교관 겸 경연참찬을 했다는 기록인데, 사실인지 확인할 수 없다. 부인은 무안 박씨로 아버지는 기창(淇昌)이었으며 1866년에 태어났다고 되어 있다.

나주 김씨가는 이렇듯 출계가 많고 다양한 집안과 혼맥을 맺은 복잡한 가계를 가지고 있었다. 이들은 비록 다른 집으로 양자로 가기도 했지만 실제는 형제간이었다. 이들 나주 김씨가의 창구와 그의 아들 우신, 영구와 덕구 등 네 명은 이 지역 동학농민군의 지도자로 등장하게 된다. 이들은 각기 1849년, 1851년, 1868년에 태어났으므로 1880년대 후반에는 이미 20대 말에서 30대 중반에 이르는 청장년의 나이였다.

이들이 이 곳 무안지역에서 주목할 만한 농민군 지도자로 부각된 이유는 무엇일까. 아마 대대로 유교적인 소양을 닦고 고을의 여론을 주도하면서 향권을 어느 정도 장악해 두었기 때문이 아닐까. 당시 무안지역 향권의 동향은 일차적으로 향교를 중심으로 해서 정례적으로 이루어진 각종 행사를 통해 알 수 있다. 무안의 주요 가문들이 모여 있던 향교에서는 정례적으로 향사례, 고헌례 등 일련의 행사가 개최되고 있었다.

무안향교는 무안군 무안읍 교촌리에 있었다. 1394년(태조 3) 현유(賢儒)의 위패를 봉안, 배향하고 지방민의 교육과 교화를 위하여 창건되었다. 처음에는 성의 남쪽에 있는 공수산(控壽山) 언덕에 설립하였는데 호랑이의 침해가 심하여 1470년(성종 1) 현재의 위치로 이건하였다. 이후 여러 차례에 걸쳐 중수 복원이 이어졌는데, 1689년(숙종 15) 대대적인 중수 복원이 이루어진 이래 1790년(정조 14), 1820년(순조 20), 1892년(고종 29) 등 세 차례 중수되었다.

나주 김씨들은 이 지역에 세거하면서 지방의 주요 양반으로 행세하고 있었다. 19세기 말에 개수된 무안향교지에 따르면, 1880년대 말에 이르러 김창구 형제들이 향교에서 주요한 직책을 맡기 시작했다. 1887년 김창구가 향교의 유사를 맡고, 그 해 가을 석전제때 집례(執禮)를 맡아보았다. 1889년에는 동생인 김영구가 장의(掌議)를 맡았으며, 1894년에는 양사재의 재장(齋長)을 맡아보았다. 이렇듯 나주 김씨 형제들은 교대로 향교의 직임을 맡으면서 활발하게 세력을 넓혀나갔다.

이러한 사실들은 1896년에 개수한『무안유안(務安儒案)』이나 1926년에 간행한『무안청금안(務安靑襟案)』에 잘 나타나 있다. 먼저『무안유안』에는 무안 지역의 유생 명단이 다수 수록되어 있는데 나주 김씨가 여럿 나온다. 김성구(金成九, 이름 자 智先), 김우식(金禹植, 자 汝根, 永九의 아들), 김성탁(金聖鐸, 자 德信), 김우영(김창구의 아들 金禹榮, 자 汝益), 김우업(김창구의 아들 金禹業, 자 汝元, 호 籠巖), 김우림(金禹林, 자 奎華), 김우규(金禹圭, 자 致明), 김봉현(金奉炫, 자 南煥), 김성호(金晟浩, 자 湘五), 김우백(金禹伯, 자 尙伯), 김천탁(金天鐸, 자 利宗), 김한형(金漢衡, 자 成浩), 김용일(金用一), 김재형(金齋衡, 자 致元), 김영구(金榮九, 자 基鍊), 김재탁(金才鐸) 등인데, 이들은 대개 몽탄면에 거주하고 있었다. 그런데 1926년에 간행한『무안청금안』에는 기존의 명단과 달리 새로운 명단이 들어가 있다. 김동현(金東炫, 자 震聲), 김순택(金淳澤, 자 德七), 김봉현(金奉炫, 자 瑞仲), 김연구(金鍊九, 자 順行), 김윤호(金潤浩,

자 泰永), 김기후(金基厚, 자 世俊), 김성구(金成九, 자 智先), 김예탁(金禮鐸, 자 浩然), 김하탁(金夏鐸, 자 行文), 김주형(金周衡, 자 繼股, 혹은 啓股), 김우림(金禹林, 자 奎華, 혹은 奎化), 김우식(金禹植, 자 汝根, 永九의 아들), 김기은(金錡股), 김용섭(金用燮, 자 聖浩), 김용장(金用長, 자 正一), 김균현(金均炫, 자 武炫), 김우상(金禹尙, 자 玄中, 德九의 아들), 김의탁(金義鐸, 자 永奎), 김권구(金權九, 자 聲浩, 혹은 承浩) 등 그 인원은 수십 명에 이른다. 이들은 당시 사창리에 거주한다고 하여 사창 김씨로도 불리고 있었다. 이처럼 무안 지방에서 유력한 양반집안의 후예들이었던 이들이 1890년대에 대대적인 농민반란에 동참한 이유는 무엇일까.

2. 무안지역 농민군 지도자의 등장

당시 전라도 남서부 지역인 무안, 해남, 진도 지역에 동학이 처음 전파된 것은 1892년경으로 추정된다. 1920년대의 천도교 관련 문서에는 이 지역 입도자에 관한 기록이 남아 있다. 무안군의 김의환(金義煥), 이병경(李秉炯)이 각기 1892년 7월 17일과 11월 7일에 입도하였다. 청계면 남성리 조병연(趙炳淵), 같은 면 남안리 이병대(李炳戴), 같은 면 도림리 고군제(高君濟), 석고면 당호리 한용준(韓用準), 남리 함기연(咸奇淵) 등은 모두 1892년에 입도하였다.

1893년에는 청계면 상마리 송두욱(宋斗旭)과 송두옥(宋斗玉)이 입도했으며, 장산면 각두리 장도혁(張道爀), 청계면 청례리 한택률(韓澤律), 같은 면 하마리 송군병(宋君秉)과 박인화(朴仁和), 외읍면 교촌리 정인섭(鄭仁燮) 등도 같은 해에 입도했다. 이들은 1920~30년대 천도교 측의 조사에 따른 것이다.

그런데 1924년 이후 『천도교회월보』 등에 실린 사망기사에 보면 오래된 입도자는 1890년대에 입도한 것으로 나타나 있으나 만일 그 이전에 체계적인 조사가 이루어졌다면 훨씬 이전에 가담한 교인들의 면모를 파악할 수 있었을 것이다. 좀더 확실한 증거를 찾아야겠지만, 1892년이라면 이미 전라도 삼례에서 교조신원운동이 시작되었을 때이므로 이때를 전후하여 무안 지역에 동학교도들이 확대되고 있었음을 알 수 있다. 흔히 김응문에 대해서는 "배상옥과 친교가 두터워 일찍 동학에 입도하여 몽탄면의 접주가 되었다"고 하였는데, 분명한 사실인지는 확인할 필요가 있다(『전남동학농민혁명사』, 233쪽).

무안 지역 동학도들이 사회적인 활동을 하기 시작한 것은 1893년 3월 보은과 원평에서 열린 집회였다. 이 집회는 흔히 척왜양 창의를 외친 집회로 알려져 있는데, 영암과 무안 등지에서 260여 명이 3월 30일에 차례로 들어왔으며, 4월 3일에는 보은 장래리로 떠나간 동학도 수는 영암접에서 40여 명, 나주접에서 70여 명, 무안접에서 80여 명이었다고 한다(『취어』).

그런데 나주 김씨 일가들이 이 시기 무안지역 동학의 유포와 어떻게 관련되어 있는지는 분명치 않다. 1892년 당시 무안의 여러 지역에서 입도자가 점차 증가하고 있었고, 이웃한 청계면에서도 입도자가 증가하고 있었다. 나주 김씨의 집성촌 지역인 몽탄과 청계는 바로 이웃해 있으며 나중에 집강소가 위치한 청계면 청계리와는 직선거리로 겨우 10리 남짓밖에 안 된다. 이런 지리적 상황을 고려하면, 이들 일가가 동학과 직접 교류를 하지는 않았다 하더라도 어느 정도는 교세의 확장 사실을 알고 있었을 것이다. 그럼에도 불구하고 나주 김씨들은 동학의 교조신원 운동이 고조되는 시기에는 별다른 활동을 보이지 않았다.

이들이 농민전쟁에 적극 참여하기 시작한 것은 1894년 4월 농민전쟁이 본격적으로 전개되던 시점이었다. 4월 20일(음력 3월 15일)경 무안의 배규인과 해남의 김춘두 등이 측근을 이끌고 전봉준 장군과 손화중 대접주가 있는 무장 동음치면 당산으로 가서 가담하였다. 이어 4월 25일(음력 3월 20일) 전봉준이 농민군을 거느리고 전라도 무장에서 정식으로 일어나게 되자 그 여세를 몰아 다시 고부, 태인, 원평, 금구 등지를 휩쓸었다. 이에 고부군을 다시 점령한 후 봉기 대열을 정비하기 위하여 고부의 백산에 모여 창의소를 꾸렸다. 이 때 무안지역의 농민군 안에서 나주 김씨 형제들의 이름을 처음으로 찾아볼 수 있다.

이 때의 백산대회에 대해서는 최근 연구에 의해 개최 일자나 사실 여부를 의심 받고 있지만, 오지영은 그 날의 광경을 마치 지금 바로 눈앞에 펼쳐 놓은 것처럼 장엄하게 기술하고 있다. "동학군이 고부성을 함락한 후 백산에 돌아와 진을 치고 다시 격문을 발한 후 호남 일대는 물론이고 전 조선 강산이 고부 백산을 중심으로 하여 흔들흔들하였다. 이 때 전후로 모여든 장령급(將領級)으로 되어 있는 사람들을 다시 한 번 총괄적으로 검열하여 보면"이 라고 하여 참여인사를 지역별로 개관하고 있다(『동학사』 초고본).

여기에 무안 지역 인사들은 배규인(裵圭仁), 배규찬(裵圭贊), 송관호(宋寬浩), 박기운(朴琪雲), 정경택(鄭敬澤), 박연교(朴淵敎), 노영학(魯永學), 노윤하(魯允夏), 박인화(朴仁和), 송두옥(宋斗玉), 김행로(金行魯), 이민홍(李敏弘), 임춘경(林春京), 이동근(李東根), 김응문(金應文) 등이라고 했다. 전봉준이 백산에서 농민군 지휘부로 호남창의대장소를 조직했을 때 거론된 무안 지역 접주들 가운데 마지막에 김응문이 포함되어 있음을 확인할 수 있다. 물론 김응문 혼자만 참여한 것은 아니고 김응문 3형제가 모두 백산대회에 참여하였으며, 이후 1차 농민군의 봉기대열에 농민군 지도자로서 적극 참여했을 것으로 생각된다.

무안농민군 지도자와 농민군들은 이미 4월 15일 이전에 무안지역을 장악하기 시작한 것으로 보인다. 4월 16일(양 5월 20일) 전봉준 장군은 함평을 점령하고 5일 동안 체류하고 있었다. 이 때 일본 부산총영사관 무로다(室田義文)가 작성한 초토사전보에는 "그들 무리 절반은 영광에 머물고 반은 함평과 무안 등지로 향하였다"고 되어 있다(일본 부상총영사관 무로다가 작성한 『동학당취보』 4월 15일자 초토사전보). 무안 농민군은 안으로 배규인, 송두옥, 김응문 등 접주들의 지휘 아래 봉기하였으며, 또한 전봉준 부대의 외부원조를 받았던 것이다.

4월 21일자 동학당에 관한 휘보에서는 무안에서 보낸 보고를 접하니 본현 삼내리(三內里)에 동학도 7천~8천 명이 절반은 말을 타고 절반은 걸어서 몸에는 갑주(甲胄)를 입고 각자 긴 창과 큰 칼을 지니고 18일에 유숙하여 하룻밤을 자고 나주로 향했다고 한다. 이 때 전봉준은 함평을 점령하고 부대를 여러 지역으로 보내고 있었을 때이므로 무안에서는 이들 농민군 본대의 이동과 더불어 세가 크게 불어났다는 것을 알 수 있다. 무안에서 보고한 대로 7천, 8천 명이 맞다고 하면 이는 당시로서는 분명 엄청난 규모였다. 이 때의 동학도는 셋으로 나뉘어 하나는 영광에 주둔하고, 하나는 무안에 주둔하고, 다른 하나는 함평에 주둔하였다. 이들은 서로 연계하여 성원하고 있었다(「전라도출정군을 위로하기 위하여 내탕전을 내리는 건」).

　이렇게 4월 15일경에 무안을 점령한 소식을 접한 전라병사 이문영은 여러 고을에 군대를 징발하고 농민군 진압에 부산하였다. 강진, 해남, 영암, 장흥, 보성의 5개 고을이 처음으로 각각 50명씩을 징발하였다. 이렇게 징발된 인원 중 200명은 12일 나주로 보내 목사로 하여금 적절히 조치토록 하고, 나머지는 본영에 머물게 하였다. 포군은 구례에서 50명, 광양, 낙안, 곡성, 흥양에서 각각 100명, 순천에서 150명, 창평과 동복에서도 각 50명씩을 징발하였다. 이렇게 징발된 포군은 모두 700명이나 되었다. 4월 20일 이 가운데 200명을 무안으로 보내 성을 지키는 일을 돕도록 하였고, 나머지는 본영에 머물게 하였다고 한다.

　이렇게 대대적인 탄압이 준비되고 있었음에도 불구하고 무안지역 농민군의 세력은 더욱 커지고 있었다. 이 때 무안 농민군을 이끌었던 것은 무안 대접주 배규인(혹은 배상옥으로 불림)이었다. 배규인 대접주는 자기가 살고 있던 삼향면 대양리(大陽里)에서 농민군을 모아 출발한 후 다시 청계면 청계리에 들러 이 곳 농민군과 합류한 후 이 곳에서 10리도 안 되는 무안읍으로 들어왔다. 이 때가 4월 18일이었다. 당시 배규인은 '호남하도거괴(湖南下道巨魁)'로 불렸으며 무안, 장흥 등지의 접주들과 서로 왕래하고 있었다. 이처럼 배규인은 무안 농민군의 지도자일 뿐만 아니라 영광, 장흥, 해남, 강진 등지에까지 영향을 끼친 지도자였다. 여러 곳의 농민군을 규합한 수는 무려 7천~8천 명에 이르렀다. 이러한 대규모 농민군을 이끈 지도자 가운데 나주 김씨 일가 형제들이 포함되어 있었다.

　4월 18일 무안지역 농민군들을 주축으로 한 농민군이 나주의 관속에게 통문을 보내 봉기의 뜻을 전하였다.

우리들이 오늘 일어선 뜻은 위로는 나라의 은혜에 보답하고 아래로는 도탄에 빠진 백성을 구하기 위한 것이다. 우리가 지나가는 고을의 부패한 탐관오리는 징벌하고, 청렴한 관리는 포상하여 관리들의 작폐와 백성들의 고통을 바로잡고 개혁할 것이며, 세금으로 거둔 쌀을 서울로 운반하는 데 따른 폐단은 영영 혁파할 것이다. 전하께 아뢰어 국태공(國太公)을 모셔 국정을 돌보게끔 하여 나라를 어지럽히고 불충불효하며 아첨이나 일삼는 자들은 모조리 파면시켜 축출하고자 한다. 우리의 뜻은 이와 같을 뿐인데, 어찌하여 너희 관원들은 나라의 처지와 백성들의 실정은 도외시하고, 각 고을의 군대를 동원하여 공격을 위주로 살육을 일삼고 있으니, 이것은 진실로 무슨 마음인가. 하는 짓거리를 따져보면 의당 맞서야 되겠지만 죄없는 관리와 백성들을 함께 죽이는 것은 안타까운 일이며, 옛 비결에 "광주와 나주사이에 피가 내를 이루며 흐른다"고 하였고, 도선(道詵)은 "광주와 나주 지방에 인적이 영원히 끊어진다"고 하였으니, 두렵고 무서운 일이다. 이러한 뜻을 직접 너희 관사(官司)에게 보고하여, 각 고을에서 모집한 군대는 농삿일에 돌아갈 수 있도록 돌려보내고, 감옥에 간힌 동학도들을 바로 석방하여 풀어준다면, 우리들은 너희들의 관할지역에 들어가지 않을 것이다. 우리는 모두 한 임금의 백성들인데, 어찌 서로 공격할 생각을 갖겠는가. 이러한 뜻을 수용할 것인지 아닌지를 속히 회답하기를 바란다.

무안농민군은 보국안민의 기치를 높이면서 국태공 홍선대원군에게 정치를 맡기자는 주장을 내세우고 있다. 또한 일련의 농민군 탄압을 위한 포군 모집을 중지하고 감옥에 갇힌 동학교도들을 풀어줄 것을 요청하였다(이상 1차 농민전쟁에 관한 배항섭의 글 참조).

청천리 집강소 터

1894년 5월 무안지역에 농민군 집강소가 설치된 곳은 배상옥의 근거지인 무안군 청계면 청천리였다. 청천리는 말근내라고 하여 맑은 내가 흐르는 곳이라는 뜻이다. 원래 이 곳에 세거하고 있던 배규인 일가는 이후 삼향면 대양리로 옮겨가서 살았다가 농민군 봉기 때 이 곳에서 들어와 봉기한 것으로 보인다.

당시 청천리에는 청천재(淸川齋)라는 강당이 있었는데, 여기에서 집강소를 차리고 농민군 대열을 모아 교육을 시키기도 했다. 또한 탐관오리를 징계하고 부호들을 억압하며 농민들의 개혁을 주도했다. 당시 청천리의 접주 가운데 한 명이 농암 배정기(裵楨基)였다. 그의 집 사랑채가 집강소로 이용되었다고도 하는데, 현재 그 사랑채는 집이 개축되면서 헐려 흔적만 남아 있다. 당시에도 사랑채 앞에 있었던 것으로 보이는 감나무만이 지금도 남아 있어 무언의 증언을 남기고 있다. 당시 배정기는 호가 농암이며 훈장으로서 청천 마을에 영향력을 가지고 있었다. 배태우 등 많은 사람들이 농암에게서 한학을 배웠다. 배정기 일가의 경제력을 보면, 머슴이 2명이고 당시 15마지기 정도를 경영하는 자작농으로 청천리에서는 가장 부유한 편에 속했다고 한다(이상, 배상섭, 1932년생, 청천리 접주 배정기 씨의 증손자 증언). 농민전쟁이 일어나자 배정기 할아버지보다 동생분인 배정규 씨가 농민전쟁에 더욱 적극적으로 참여했다고 한다.

이 시기 김응문은 자기 집에서 병기를 만들고 군자금을 모으고 군사를 훈련시키고 있었다. 김창구의 생가 뒤켠 대밭 앞에는 우물과 10개의 바위가 있다. 바위는 고인돌인데 큰 것은 길이 3.5미터, 너비 2.5미터 정도이다. 이 곳에 대장간을 설치하고 무기를 만들었다. 그리고 고인돌 밑에 총과 화살 등의 무기를 숨겼다 한다.

당시 무기의 제조는 화약을 제조하는 수준에 미치고 있었다. 이 지역의 화약제조자는 박윤규(朴潤奎)라는 분이었는데, 그는 쑥을 말려서 가루로 만든 것을 화약 재료로 썼으며, 파편에는 유리 대신 토기를 깨서 가루로 만들어 이것을 쑥과 섞은 후 대나무통에 넣었다고 한다. 보통 때는 여우 잡는 데 사용하였던 방식을 그대로 쓴 것이다. 이런 화약제작소는 당시 무안 집강소가 있던 청천리에 있었던 것으로 보인다(박종연의 증언, 1928년생, 전 무안문화원 이사).

한편 김창구의 생가 뒤편 오른쪽에는 지금의 주인 김본형(金本衡, 76세) 씨의 집이 있다. 예전의 일화를 소개하면, 김본형 씨가 열두어 살

몽탄면 다산리 김응문 집 뒤의 대장간 터

나던 해에 문간채를 지으려고 흙을 파니 사각의 한말들이 기름통이 드러
났다고 한다. 그 안에는 엽전 백냥과 화살촉, 창, 칼, 탄환 등이 많이
들어 있었다. 이 엽전꾸러미를 당시 어른들이 목포에 있는 은행에 가서
일본돈으로 교환했다고 한다. 이것은 농민전쟁 시기에 농민군들이 군자
금으로 모아두었던 것으로 보이는데, 이후 탄압을 받게 되자 몰래 묻어
둔 것이 아닌가 싶다.

　김창구는 당시 무안 대접주 배규인과 친분이 두터웠다고 하니 서로
연계해서 활동을 벌였을 것이다. 그래서 이 때 김창구(김응문) 형제들도
이웃 몽탄면 접주로서 그 지역 농민군을 이끌고 훈련도 시키고 군자금도
가져와서 청천리 집강소에 자주 들렀을 것이다.

이렇듯 무안의 집강소는 반상과 귀천, 적서와 남녀노소의 차별이 없는 평등세상을 만들려고 했고, 이제까지 농민대중을 착취하고 탄압했던 수령과 아전, 그리고 여기에 빌붙어 백성들을 괴롭히던 토호나 양반, 불량한 유림이나 부호들을 징벌하는 일에 나섰다. 그래서 농민들이 원하는 농민들을 위한 정치, 농민에 의한 세상이 전개되었다. 당시 무안군 지역의 농민들은 이러한 개혁의 물결에 너나 없이 동참하고 있었다.

> 무안읍은 멀리 떨어진 해안에 위치한 곳으로 교화와 은택을 입지 못하여 동학농민군이 창궐할 때 모두 가담하게 된 것을 요행으로 여겼고, 좋아하여 아주 혼란스럽고 약탈과 보복이 심했으며 평민으로 동학에 가담하지 않은 자는 아주 드문 형편이었다. (「선봉진 각읍요발관급감결」, 『동학란기록(하)』, 328쪽)

이렇게 집강소가 중심이 되어 농민통치를 실시하는 동안, 무안군 지역의 농민들은 대부분 흔쾌히 농민군 대열에 참여하였으며 또한 무안 거주 유학자들까지 대부분 농민군에 가담할 정도였다(박종연의 증언). 그만큼 무안지역 농민군의 집강소 통치는 그 사회적 기반을 넓혀나갈 수 있었다.

1894년 10월 중순(음력 9월 14일) 전봉준은 재봉기의 격문을 전라도 각 고을로 보내 군대를 이끌고 삼례로 모이게 했다. 전봉준이 군자금을 마련하는 한편, 전주의 군기를 수합하고 각 고을의 집강들에게 각각 무기를 휴대하게 하니 각 지방의 동학농민군은 병력과 무기, 그리고 식량을 조달하여 속속 삼례로 모여들기 시작했다.

전라도 무안지방을 비롯하여 장성, 장흥, 영광, 함평 등 12개 고을이 여기에 참여하였고, 무안에서는 배규인이 2천 명을 거느리고 참여했다고 한다(오지영, 『동학사』, 235~237쪽 참조). 이 때 김창구 형제들도 가담하였을 것이다. 이렇게 삼례에 모인 동학농민군의 수는 전라도 26개 고을에서 모두 10만을 넘었다(이후 2차 봉기 과정과 결과에 대해서는 이이화의 글 참조)

3. 무안의 북쪽, 함평 농민군 지도자들

전라도 남녘 아래에 위치한 무안과 함평은 한반도의 서남부 가장자리에 위치하고 있다. 무안군은 서쪽으로는 서해를 사이에 두고 신안군 도서들과 서북쪽으로는 깊게 만입된 함평만을 사이에 두고 있다. 영광군, 함평군과 경계를 이루는 곳에 위치한 무안은 특히 호남문화의 젖줄이라고 할 영산강이 굽이쳐 흘러들어 나주군과 영암군의 경계를 이루고 있다. 특히 영산강을 사이에 두고 양쪽 연안에 펼쳐진 넓은 충적평야들은 이 지역의 역사, 문화 발달에 충분한 자연조건이 되었다.

19세기 조선왕조 말기, 세도정권의 권력독점과 정치적 파행으로 민생은 도탄에 빠져 있었다. 농민들은 각처에서 조선왕조의 잘못된 부세제도와 농민착취에 반대하는 항쟁을 점차 격화시켜 나가고 있었다. 1862년 4월 함평에서는 14개 면의 향촌민이 결집하여 관아로 쳐들어갔다. 당시 정한순(鄭翰淳)을 비롯한 봉기 주동자들은 향회를 열어 폐막 10조를 열거하였는데, 결세, 환곡, 저채, 잡세 등 과도한 수탈과 중간횡령 등을 문제로 들었다. 그래서 이들은 수령 관속들의 부정 사실을 고발하고 관찰사에게 항의할 것을 결정하였다. 그렇지만 감영의 조치는 형식적인 것에 불과했다. 이에 불복한 연명자들은 사헌부에 정소하고 심지어 국왕에게 직소를 하려고 하였다. 4월 중순 함평 농민들은 서울 남산에서 거화사건을 일으켜 당시 철종에게 횃불시위로써 자신들의 의사를 표현하고자 하였다. 조정에서는 문제해결의 원칙만을 제시하였을 뿐이고, 정한순과 안종팔 등 장소(狀訴)에 연명한 사람들에 대해서는 감영의 인신을 위조했다고 하여 무고혐의죄를 뒤집어씌웠다.

그러자 항쟁의 주도자들이 1862년 4월 16일 11시경 적촌리 장시로 농민을 불러보았다. 수천을 헤아리는 농민들은 각 면리명을 쓴 깃발을 앞세우며 읍내로 몰려가 토호와 이서배들의 집을 습격했다. 이들은 5월 10일까지 한 달 가까이 읍권을 장악하였다. 이후 주도자들의 자수로 사건이 수습되었으나, 사건을 주도한 정한순을 비롯하여 6명이 효수되고 많은 참여자들이 처벌 받았다(『함평군사』, 822~827쪽). 그럼에도 불구하고 1894년 농민전쟁이 일어나기까지 함평군은 종래 각종 전세의 과도한 수탈, 각종 명목의 잡세, 환곡의 과다 수취 등에 시달렸다. 그래서 함평과 주변 농민들의 저항의식은 점차 높아졌고, 항쟁운동에 참여할 기회만을 엿보게 되었다.

1894년 3월 20일 무장에서 재봉기한 농민들은 고부로 쳐들어가 3월 21일 고부 백산에 창의소를 설치하고 전라도 각지의 농민군을 규합시켰다. 이 때 무안에서는 배규인을 비롯하여 배규찬, 송관호, 박홍운, 정경택, 박연교, 노영학, 노윤하, 박인화, 송두옥, 김행로, 이민홍, 임춘경, 이동근, 김응문 등의 지도자들이 참여하였다(「동학사」, 『동학농민전쟁 사료총서(1)』, 458쪽). 이렇게 무안에서는 진작부터 농민전쟁에 참여했던 반면, 함평은 좀 뒤늦게 농민전쟁에 참여한 것으로 보인다.

전봉준은 고부의 남쪽 황토현에서 전주감영의 관군과 맞서 대승을
거두고, 남쪽으로 내려가 정읍, 고창, 무장, 영광을 차례로 점령한 후
이어 함평과 무안, 나주를 거쳐 다시 북상하기 시작했다. 4월 12일 영광
에 진주하여 군기고에서 무기를 노획하고 나흘을 머문 농민군은 4월
16일에 6천~7천 명을 이끌고 함평으로 향했다. 이 때 함평에서는 현감
권풍식(權豊植)을 비롯하여 수성군 150명이 있었으나 농민군이 들어오
자 모두 달아나 버렸다고 한다(「양호초토등록」, 『동학란기록(상)』, 170
쪽). 그래서 함평 사민(士民) 백여 명이 동헌에 모여서 농민군의 입성을
환영하였다. 농민군은 나흘 동안 머무르면서 진세를 펼치고 기개를 과시
하였다. 4월 18일경 함평에서는 농민군의 진법 행렬 시범이 있었다. 그
장대한 모습은 다음과 같이 자세히 기록되어 있다.

평민이 선두에서 나이 십사오 세쯤 된 아이 한 명을 업고 진 앞에
나섰는데, 아이는 푸른색 홀기를 쥐고서 마치 지휘하는 것 같았고, 그
뒤를 뭇 적(농민군)들이 뒤따라왔다. 앞에서는 날라리를 불고 그 다음에
'인(仁)'자, '의(義)'자를 새긴 깃발 한 쌍이, 다음에는 '예(禮)'자, '지
(智)'자를 새긴 한 쌍이, 또 다음에는 흰색 깃발 두 개가 뒤따랐는데,
그 중 하나는 '보제(普濟)'라 썼고, 다른 하나에는 '안민창덕(安民昌德)'
이라 썼는데 모두 전서체로 쓰여졌다. 다음의 황색기 하나에는 해서로
'보제중생(普濟衆生)'이라 쓰여 있었고, 나머지 깃발에는 각 고을의 이
름이 쓰여 있었다. 다음은 갑옷에 투구를 쓰고 말을 타고 검무를 추는
자가 한 명, 그다음에는 칼을 가지고 걷는 자 너더댓 쌍, 다음에는 피리를
불고 북을 두들기며 붉은 관복을 입은 자 두 명, 다음에는 두 명이 또
날라리를 불고, 다음 한 명은 벼슬아치들의 관모를 쓰고 우산을 가지고
도인의 복장을 하고 나귀를 타고 있었다. 그리고 소매가 좁은 옷을 입고

관모를 쓰고 우산을 가진 대여섯 명이 나귀를 타고 있는 사람의 주위를 에워싸고 따랐으며, 그다음에는 두 줄로 만여 명의 총수(銃手)가 뒤따르는데, 모두 머리에 수건을 두르고 있었다. 머리에 두른 수건은 다섯 가지 색깔로 색이 각기 달랐으며, 총을 가진 사람들 뒤에는 죽창을 든 자들이 뒤따랐다. 그들은 걸으면서 휘어지고 꺾이면서 혹 '지(之)'자를 또는 '구(口)'자를 만들기도 하면서 진세를 배열하였는데, 모두들 어린 아이가 잡고 있는 푸른 색 기가 지시하는 것을 쳐다보았다. 대개 적(농민군)들은 어린아이 중에서 키가 작고 교활한 아이를 뽑아서 진중에 두고 며칠 동안 미리 어떤 진을 펼칠 것인가를 가르치고는 그럴싸하게 신동(神童)이라고 하여 보고듣는 사람들을 현혹시켰다. 이는 전선(田單)이 신령스러운 장수를 받들었던 지모(智謀)인데 어리석은 백성들은 이것도 모르고 참으로 신인(神人)인 줄 여겼다. (황현, 『오하기문』, 김종익 역, 86~87쪽)

비록 황현은 농민군을 비판하는 입장에 서 있었으므로 민중을 현혹시키는 시범이라고 보았지만, 사실은 대단히 정연하고 장엄한 농민군 진영 행렬을 보여준 것이라 하겠다.

이 무렵부터 함평군 농민군 지도자들이 등장하기 시작하였다. 이 곳에서는 뒤늦게 지도부가 형성된 것으로 보인다. 당시 기록에 따르면 무안현의 동학괴수(東學魁首)는 이화진(李化辰)이었다고 한다. 이화진은 함평 손불면 장동 사람으로 본관은 공주 이씨이다.

1960년에 만들어진 공주이씨 족보에 의하면, 이경진(李景鎭)이라는 인물이 이화진으로 추정된다. 그의 자명(字名)은 족보상에는 백인(伯仁)이라 하였고, 호는 평암(平菴)이었는데, 족보에 펜글씨로 화진(化辰)이라고 부기해 놓았다(이경보 씨 소유 족보 및 증언). 본래 생부는 이재명

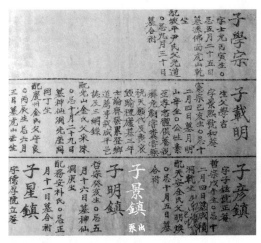

이화진의 족보

(李載明)이었는데, 1839년(헌종 5)에 태어나 효성이 지극하여 함평읍지와 삼강록에 실릴 정도였다. 생부의 호는 화암(和菴)이라 했고, 형 언진(彦鎭)은 정암(正菴)이라고 했는데 모두 갑오 12월 4일이 기일(忌日)로 되어 있다. 이화진의 아버지는 이재황(李載晃)으로 1848년(헌종 14)에 태어난 것으로 보이며 언제 죽었는지는 알 수 없다. 이후 『순무선봉진등록』에 나오는 사람으로 이화진과 함께 붙잡혀 죽은 이곤진(李坤辰)이 혹시 이언진일지도 모르겠다. 이화진은 족보상 1861년(철종 12)에 태어났으니까 1894년 농민전쟁 당시에는 34세에 불과한 청년이었다.

이화진이 함평에서 농민군을 규합하여 본격적으로 농민전쟁에 참여하게 된 것은 아마 장성전투가 끝난 다음으로 추측된다. 그는 이웃마을에 사는 장경삼(張京三) 형제들에게 적극적으로 동참할 것을 권유하게 된다. 장경삼은 1842년(헌종 8)에 함평군 신광면 개천리 사천마을에서 태어났다. 집안은 이조참판 장이길(張以吉)의 11대손으로, 장이길은 1562년에 무과에 급제하여 장성현감을 시작으로 하여 이조전랑, 대사간, 우부승지를 역임했다. 임진왜란이 일어나서 낙향해 있다가 임금의

농민군 훈련장소 괴치 마을 삼정뜰

의주 파천시, 전주로 내려올 것을 상소하였고, 공홍도 관찰사를 제수받기도 했다. 장경삼은 동생인 장옥삼(張玉三 : 1851~1895, 족보명 동규(同圭), 이화진의 고모부)과 장공삼(張公三 : 1854~1895, 족보명 응규(應圭)) 등과 함께 농민군에 참여했다. 일설에는 이화진이 장옥삼의 처남이었다고 하였는데, 족보상으로는 확인이 되지 않는다.

이화진은 함평군에서 재산도 있고 함평향교의 장의를 지내는 등 명망이 있는 장경삼과 그의 형제들을 끌어들였다. 당시 정황은 이랬다.

곡수를 많이 받고 살았다는 얘기만 들었어요. 부유한 편이니까 과거 보러 댕기고 그랬겠지요. 어쨌든 경삼 할아버지께서 과거를 보러 가셨다가 동학난이 일어나 세상이 시끄러워지자 그 해 봄에 돌아오셨어.

장경삼 삼형제의 기념비

이화진 씨가 자기 힘으로는 그 지역에서 농민군을 규합할 수 없으니까 힘이 있는 경삼 씨를 불러들인 거여. 그러면서 자기 지명으로 접주로 명을 해줬어. 그래서 수많은 사람들을 모집해서 사천 부락 바로 위에 괴치마을 앞 들녘에서 군사훈련을 했다고 그래요. 아무리 농민군들이 모였더래도 훈련은 좀 돼야지 않겠어요. 그렇게 해가지고 삼형제가 훈련을 시키고 규합하고 그랬어. 집에서 가산을 털어먹고 그리고 수천 명을 데리고 나가서 고막천에서 훌륭한 전쟁을 했고. (『다시피는 녹두 꽃』, 역사문제연구소 동학농민전쟁 백주년 기념사업 추진위원회 엮음, 161쪽, 장원석 씨 증언)

이들이 함평 농민군을 조직하여 훈련을 시킨 곳을 '삼정뜰'이라고 부른다. 이들 형제는 재산이 상당히 많았다고 하는데, 전쟁 후에 큰집인 경삼 씨의 집을 뜯어다가 함평현 객사를 지었다는 말이 전할 정도다.

이들은 이화진의 지휘 아래 사람들을 규합하고 군량미와 자금을 모으는 일을 했을 것으로 추측된다.

당시 이웃마을에 살던 임종량(林鍾良 : 1863 ~1923)도 참여하였다. "우리 할아버지 태어나신 곳은 함평군 손불면 월천리 어전 부락인데, 그 동네 일원에서는 상당한 수장으로 활동을 하셨던 모양이예요. 그러니까 그 때 함평에 최고 접주로 있던 이화진이가 있어요. 이화진이도 손불면으로 같은 지역 출신이예요. 이 양반은 손불면 월천리고, 이화진 총대장은 죽장리라구요. 잔등 하나 넘으면 돼요. 그 때 이들은 같은 동갑계원들이라, 장경삼이, 장공삼이, 전부 같은 각 계원들이라"는 증언이 있듯이, 이들 함평 농민군 지도부는 종래부터 잘 아는 사이로서 뜻을 같이하고 함께 농민군 대열을 꾸려나갔다(위의 책, 153~154쪽, 임헌섭의 증언 참조).

당시 여러 기록으로 보아 1차 농민전쟁이 한참 무르익었을 때인 4월 16일 농민군 본대가 함평에 와서 4일이나 진을 치고 있었던 것으로 보이며 그 시점에서 이화진이라는 지도자가 등장했으리라 추측된다. 그렇지만 당시 함평에 거대한 부대가 바로 형성되기에는 어려움이 많았을 것이다.

이 무렵 이화진이 이끄는 함평의 농민군 지도부에는 여럿이 있었다. 함평의 거괴라고 호칭되는 이화진을 비롯하여 접주로서 김경오(金京五), 이춘익(李春益), 노덕휘(魯德輝), 이자면(李滋冕), 이곤진(李坤辰), 김성필(金成必), 김인오(金仁午), 김성서(金成西) 등 9명이었다. 또한 접주 김치오(金治五), 정원오(鄭元五), 정곤서(鄭坤西), 김경선(金京先), 윤경욱(尹景旭) 등 5명과, 역시 접주 이두연(李斗連), 김학필(金學必), 이관섭

『순무사정보첩』. 이화진과 동료들이 포살당한 내용이
기록되어 있다.

(李觀燮), 이창규(李昌奎), 공명오(孔明五) 등 5명이 있었다. 다른 계통으로 여겨지는 동도접주(東徒接主) 이재복(李在卜), 김원숙(金元叔) 등 2명, 정경택(鄭京宅), 서기현(徐基鉉) 등이 있었다. 그리고 비류 거괴 윤정보(尹正甫), 장경삼(張京三)과 대접주 박춘서(朴春西), 정평오(鄭平五), 김시환(金時煥), 윤찬진(尹贊辰), 김경문(金京文), 박경중(朴京仲) 등 8명이 있었다(이상 『순무사정보첩』 참조). 이렇게 함평군 농민군 대열에는 모두 31명의 지도부 인사들이 있었다.

이 중 이화진은 휘하에 수종하는 6명을 데리고 활동하였다. 조병묵(趙丙默), 서우순(徐佑順), 김문조(金文祚), 이응모(李應模), 김봉규(金奉圭), 박준상(朴俊尙) 등이 그들이었다. 이들이 이화진 대열에 들어온 사정은 각기 달랐다. 비록 이들이 나중에 붙잡힌 후 행한 공술(供述)이라 신빙성이 다소 떨어지지만, 당시 참여한 사정을 이해하기 위해 한 번 알아보기로 하자.

우선 조병묵은 본래 손불면 가덕산에서 살고 있었는데, 1894년 9월 본촌에 있는 김학필에게서 도를 접하고 가입했다고 한다. 김학필은 원래 이화진의 사접(私接)이었는데, 나주성을 공략할 때 참여하지 않은 죄로 벌전 9냥을 학필에게 주었다고 했다. 12월 3일 이화진이 무안의 배상규 (裵尙圭)에게 가려고 할 때 전 2냥을 추징하려고 했는데 별도로 마련할 길이 없어서 같이 갔다고 했다. 그리고 4일 돌아오는 길에 화진과 한 방에서 자다가 수성군에 붙잡혔다는 것이다.

서우순은 본래 영광군 도내면 고성리에 거주하던 사람으로 10월 무장 장재면 남계리에 있는 오응문(吳應文)에게서 도를 받았다고 한다. 그는 함평현 손불면 장동(墻洞) 이화진과는 이종간이어서 상면차 내려왔는 데, 화진이 기포할 때였으므로 한 번은 나주 공략시 수종하였고, 한 번은 무안에 갈 때 수종하였다고 했다. 12월 4일에 화진과 같은 방에 있다가 수성군에 마찬가지로 잡혔다고 한다.

김문조의 경우에는 손불면 가덕산에 살았는데, 역시 본촌의 접주 김 학필에게서 도를 받았다. 그는 학필이 삼촌이어서 사정상 어쩔 수 없어 서 기포할 때 따라가서 수행했고, 이화진이 굳이 독촉을 하여 부득이하 게 같이 갔다고 한다.

이응모도 역시 손불면 가덕산에 거주하다가 본촌 김학필에게서 도를 받고 이화진이 무안으로 내려갈 때 노수전(路需錢) 200냥을 마련할 방도 가 없어 같이 따라갔다고 한다.

박준상은 영촌면(永村面) 비화동(飛化洞)에 살았는데, 9월에 이화진 으로부터 직접 도를 받고 11월에는 화진의 지휘에 따라 고부에 사는 부민 황경여(黃京汝)의 답토 도전을 거둬들이려고 해제면 등지로 갔다고 한다. 그 때 해제면 접주 최문빈(崔文彬)의 방해로 수봉하지 못하였는데, 돌아오는 길에 전 50냥을 토색하여 먹고 12월 3일 화진이 무안에 갈 때 같이 갔다고 한다. 이 밖에 김봉규(金奉圭)는 수성군에 붙잡혔을 때 받은 상처가 심각하여 음식을 먹지 못하다가 결국 12월 9일에 옥중에서 죽고 말았다.

이들 5명은 이화진의 심복으로 활동한 것으로 나타나는데, 주로 이화진이나 그의 사접으로 칭해지는 김학필의 주선으로 농민군에 참여하였다. 이들은 이화진을 따라 무안으로 가서 배상옥이 이끄는 무안농민군에 합류하고, 이어 나주공방전 때 이화진과 생사를 같이하였다. 이들은 대개 9월경에 참여한 것으로 보아 2차 봉기 때 참여한 인사들로 보인다.

이들은 11월 20일 나주로 집결하여 나주를 함락시키고자 했다. 이 때 모인 농민군은 주로 호남의 유명 접주들인 손화중, 최경선을 비롯하여 장흥의 이방언, 함평의 이화진, 무안의 배규인, 담양의 국문보(鞠文甫) 등의 연합부대였다. 여기에 흥덕과 고창의 농민군도 참여하였다. 흥덕의 대접주 고영숙(高泳淑), 고창의 접주 홍동관(洪東寬), 그리고 임천서(林天瑞), 장동행(張東行) 등이 농민군을 인솔하여 함평을 거쳐 나주로 행군하였다(변만기,『봉남일기』). 이제 나주를 둘러싼 최후의 공방전이 벌어질 무렵, 함평의 이화진, 장경삼과 무안의 배규인, 김응문 등이 의기투합하여 결전에 대비하였다.

제4부 농민군은 이렇게 죽었다

미나미가 삼엄한 경계망을 펴면서 이른바 '거괴들'을 데리고 먼저 서울로 출발한 후 뒤이어 흩어져 있던 경군과 일본군이 일단 나주로 집결하였다가 서울로 철수하였다. 일본군과 경군들은 서울로 오는 도중에 연로에 산발적으로 모인 농민군을 소탕하거나 색출하여 처단하였다. 이두황이 이끄는 장위영병과 일본군은 귀환 도중에 대둔산 정상에 집결해 있는 농민군 30여 명을 토벌하기도 하였다. 이 대둔산 토벌은 일본군과 경군이 합동으로 벌인 마지막 작전이라고 할 수 있다.

현지에서는 경군과 일본군이 완전 철수하자, 수성군과 민포군들이 자기 고장을 중심으로 더욱 무법천지로 날뛰었다. 그리하여 수를 알 수 없을 정도의 불법적인 살육이 저질러졌다. 적어도 경군과 일본군이 처형한 숫자보다 몇 배나 많은 농민군을 죽인 것으로 추정된다. 그 몇 가지 사례를 사료에 나타난 단편적 내용과 현지의 고로 및 후손의 증언을 통해 정리해 보면 다음과 같다.

1. 배상옥의 죽음과 가족의 사정

배상옥은 관변측 기록에는 무안의 대접주요 '거괴'라고 표현되었다.

다시 말해 이 지역의 농민군을 총지휘하였다는 뜻이다. 이규태는 마침 배상옥이 몇 명의 부하를 데리고 해남에 은거해 있다는 첩보를 받고 고무되어 무안 수성군의 유사인 오한수와 통장인 정춘섭에게 배상옥을 잡으면 후한 상을 내리겠다는 전갈을 보냈다. 이규태는 배상옥을 체포하여 처형한 뒤 상경하려고 다짐한 듯 행동하였다. 이 지방의 거괴라고 불리는 배상옥을 잡지 않은 채 상경한다면 자신의 체면이 말이 아니라고 생각하였을 것이다.

당시 배상옥은 해남의 바닷가 은소면(현재 송지면)의 한 마을에서 몸을 숨기고 있었다. 은소면은 해남의 최남단에 위치해 있어서 작은 섬들이 많은데, 한반도의 가장 남쪽 끝이라는 토말도 이 곳에 있다. 해남의 대성인 윤씨들도 많이 살고 있었다.

12월 24일 윤규룡(尹奎龍)이 장정들을 데리고 배상옥을 덮쳤고, 배상옥의 부하인 김춘두·김춘인 형제도 역시 화일면에 사는 김만국과 박윤철 등에게 붙잡히고 말았다. 그가 붙잡힐 때의 상황은 알려져 있지 않으나 밀고에 의한 것으로 확인된다. 그런데 윤규룡은 누구일까? 배상옥의 족손인 배태우(무안군 청계면 청천리 거주) 씨는 "누가 죽였냐 하면 해남 윤씨가 죽였어. 그게 역사에 나왔을겨"라고 증언하였다. 그렇다면 배상옥과 윤규룡은 서로 안면이 있었을 것이다. 앞으로 확실한 규명이 있어야 할 것이다.

아무튼 배상옥은 체포된 그날로 이규태에게 넘겨졌다. 이규태는 후환이 두려워 마침 일본군 대위 마쓰모토(松本正保)가 일본군을 이끌고 와서 즉시 처형하라는 말을 하자 그날로 처형하였다. 거괴인 그를 나주 초토영으로 보내지 않고 현지에서 처형한 것이다. 해남 관아에는 포상금

배상옥 부친의 묘

으로 1천 냥을 주라고 지시하였다. 배상옥의 부하 김춘두는 나주감옥, 김춘인은 해남감옥으로 끌려가 갇혔고, 이들을 붙잡은 자들에게도 포상이 내려졌다.

또 뒤따라 배상옥의 마부인 김종곤과 수종인 윤석호·윤민여도 12월 28일에 붙잡혀 죽임을 당했다. 이렇게 하여 배상옥은 이승에서 끝내 꿈을 이루지 못한 채 눈을 감았으나 민중의 입을 빌어 아련한 전설로 남아 구원의 영웅으로 받들어졌다.

그가 해남에서 처형되었다는 소문이 퍼지자 민중들은 애달픈 심정을 이기지 못해 "상옥아 상옥아 배상옥아, 백만 군대 어디 두고 쑥국대 밑에서 잠드느뇨"라는 민요를 숨어서 불렀다 한다(배석오, 「동학혁명과 무안지방의 봉기」, 『무안군지』 1994).

이 노랫말은 김개남을 두고 남원 사람들이 "개남아 개남아 진개남아(진은 김의 전라도 발음), 그 많은 군사 어디 두고 짚둥우리가 웬 말이냐"라고 불렀다는 가사 내용과 비슷한 정서를 담고 있다. 배상옥이 살던 마을인 대월리의 주민들은 모두 도망쳤고 뒤따라 관군이 들이닥쳐 불을 지른 탓에 마을은 쑥대밭이 되었다. 그래도 그의 아내와 딸은 용케 살아남았다.

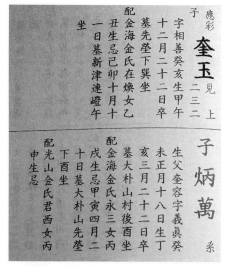

子應彩

奎玉 見上 二三二

字相善癸亥生甲午
十二月二十二日卒
墓先塋下巽坐
配金海金氏在煥女乙
丑生忌己卯十月十
坐一日墓新津連嶝午

子炳萬 系

生父奎容字義眞癸
未正月十八日生丁
亥三月二十二日卒
墓大朴山村後酉坐
配金海金氏永三女丙
戌生忌甲寅四月二
十日墓大朴山先塋
下酉坐
配光山金氏君西女丙
申生忌

『달성 배씨 족보』에는 배상옥이 규옥(奎玉)이라는 이름으
로 기재되어 있다.

배상옥이 태어나고 자란 무안군 이로면 대월리(지금의 목포시 대양동)에는. 지금도 배씨들이 몇 집 살고 있다. 달성 배씨 족보에 따르면 이름은 규옥(奎玉)이요 자는 상선(相善)이라고 기록되어 있다. 관변측 기록에는 규인(奎仁) 또는 상옥으로 기재되어 있는 것으로 보아 족보를 만들면서 글자를 바꾼 것인지 아니면 본인

이 변성명으로 쓴 이름인 건지 확인할 수 없다. 족보에 기재된 사망 날자는 1894년 12월 22일로 되어 있는데 그가 처형되었다는 날자와는 이틀의 차이가 난다.

지금 대월리에 살고 있는 양동주(梁銅柱, 83세) 씨는 여러 이야기를 들려주었다. 양동주 씨는 동학농민전쟁에 관심이 많은 인사로서 경찰관 출신이다. 그는 서민호의 호위경관을 하다가 군사독재정권이 싫어 고향에 은거하여 살고 있다. 그의 말에 따르면 이 마을에는 농민전쟁 당시 배 씨들이 30여 호쯤 살았다 한다. 뒷산인 지적산은 배씨들의 선산인데 배상옥의 아버지와 조상의 묘가 있다고 한다. 배상옥의 집안은 대농으로 행세하였으며 배상옥은 어려서부터 인물이 출중하고 지도력이 뛰어났다는 말들이 전해진다고 한다.

농민군 양근옥의 족보

그의 동학 입도 시기는 확인되지 않으나 대체로 1890년대 초기 전도가 시작될 무렵으로 보인다. 아무튼 그는 무안의 대접주가 되었다. 대월리는 배씨의 집성촌인 청계리와는 10여 리, 나주 김씨 마을인 사창리와는 옛길로 50리쯤 떨어져 있다. 따라서 이러한 지리적 조건으로 보더라도 배씨와 김씨들이 잦은 교류를 하며 동학활동을 전개하였을 것으로 추정된다.

배상옥은 이 마을에서 농민군을 모아 마을 가운데 공터에 훈련장을 차려 농민들에게 군사훈련을 시켰다고 한다. 지금 그 공터는 밭으로 변했다. 불에 탄 그의 집터는 기왓장만 굴러다닌다. 배상옥은 함평 고막 일대에서 전투를 벌인 후 이 곳으로 농민군을 집결시켜 활동을 벌이기도 하였다.

그런데 배상옥은 집강소를 무안군 청계면 청천리에 두었다. 청천리는 본디 배씨의 집성촌으로서 거의 선대가 살았다고 하는데, 집강소를 청천리에 두었던 것은 동족인 배씨들의 후원을 얻기 위해서였던 것으로 보인다. 청천리는 무안에서 나주로 올라가는 길목에 위치하여 교통의 이점을 살릴 수 있다는 점도 작용하였을 것이다.

배상옥의 옛집 터

배상옥의 동생 배규찬에 대해서는 농민전쟁 시기에 죽었다는 이야기 외에는 별로 전해지는 것이 없다. 그의 아버지 응채(應彩)는 죽은 해가 표시되어 있지 않다. 그의 아내 김씨는 배상옥보다 두 살 연하인데 족보에 따르면 기묘년(1839년)에 사망하였다. 아들은 기재되어 있지 않으나 외동딸은 살아남았으며, 양동주 씨가 어릴 적에 그녀를 보았다고 한다. 그녀는 아랫마을에 사는 전주 이씨에게 출가하였으며 본촌댁(대월리 태생이라는 뜻)으로 불렸다고 한다.

다음 외증손인 이영귀(68세) 씨의 증언을 들어보자.

토벌대가 대월리에 불을 질러 화염이 휩싸였는데 아랫마을인 왕산리 사람들이 그 불빛을 보고 "대월리 배 부잣집에 불이 났다"고 외치면서 안타까워하였다 한다. 마을 사람들은 모두 도망쳤고, 일부 배씨들은 집 성촌인 청천리로 가서 살기도 하였다. 배상옥의 묘는 가묘도 만들지 않았다 한다. 가묘를 만들어줄 사정이 못 되었던 것이다.

배상옥의 아내는 용케 살아남았지만 그야말로 비극적인 삶을 살았다. 수성군들이 역적의 아내라 하여 오랜 관례에 따라 머슴들에게 욕을 보이는 수모를 주려 하였다. 이를 모면하고자 일로면 화산리에 사는 어느 남자에게 재가를 하고 자식을 두었으나 두 번째 남편도 죽었다. 자식들을 먹여 살리기 위해 다시 태봉에 사는 남자에게 세 번째로 시집을 갔다.

이영귀 씨는 어릴 때 외증조 할머니가 재가하여 낳은 손자를 볼 기회가 있었다고 하는데, 한국전쟁 시기에 피난 가던 중에 잠시 태봉에 머물렀을 때였다. 잠시 머물렀던 집이 바로 외증조 할머니의 손자집이었던 것이다. 그는 외증조 할머니에 대해서는 거의 어떤 이야기도 듣지 못하였다. 주변 사람들이 그녀 이야기를 쉬쉬하며 언급하려 하지 않은 탓이라 하였다. 그의 할머니 역시 입을 다물고 말하지 않았다고 한다.

무남독녀였다는 배상옥의 딸은 계미생(1883년생)으로 되어 있어 농민전쟁기에는 우리 나이로 열두 살이었을 것이다. 대월리 배씨들이 모두 도망칠 때 대박산 마을에 사는 배응태가 그녀를 거둬 키웠다. 일종의 '부엌데기'로 살았던 것이다. 성장하자 동네 노총각에게 시집을 보내고 족보에는 배상옥의 사위를 이상삼이라고 기재하였다. 이상삼의 나이는 계유생으로 기재되어 있으니 그녀보다 열 살 연상이었다

이영귀 씨의 아버지는 이동연인데, 일본으로 건너가 산 탓으로 이영귀 씨는 일본에서 태어나 귀국하였다. 그는 배상옥의 혈손으로서 지금도 외증조부에 관련된 이야기를 수집하고 있다.

202

배상옥의 따님

양동주의 할아버지 양근옥(梁根玉)도 농민군이었다. 양동주 씨는 어릴 때 할아버와 한 이불을 덮고 자면서 농민군에 관한 이야기를 어렴풋이 들었다고 한다. 양 씨들은 대월리에 집성촌을 이루어 살았는데 그의 할아버지는 그 곳 다리방에서 밥집을 하였다. 할머니 말에 따르면 부엌 대들보에 소다리를 매어 도살하고 농민군을 먹였다 한다. 이 곳 양 씨들은 관군이 토벌하러 오자 마장으로 도망쳐서 살아남았는데, 그의 할아버지는 대밭에 몸을 숨겨 목숨을 구하였다 한다.

2. 김응문 부자와 3형제의 사정

무안지역 농민군은 1894년 11월 18일부터 치열하게 진행된 나주공방전에 대거 참여하였다. 이 때 무안농민군은 11월 21일과 24일에 벌어진 고막원을 둘러싼 전투에서 패배하여 많은 사람들이 죽었다. 한편 무안지역 농민군은 12월 8일에 수천 명의 무리를 모아 무안 삼향면 대월리로 집결시켰다. 그렇지만 정부 진압군이 내려온다는 소식을 듣고 거의 해산하였다고 한다(『순무선봉진등록』 권5, 216쪽).

바로 이 때 몽탄면 접주 김응문도 고막원 전투에 참가했다가 후퇴하여 함평 엄다리에 숨었다가 체포되었다.(표영삼의 글과 『무안군사』참조).

당시 무안의 동학접주 배정규, 박순서 등이 12월 8일 체포되어 즉시 총살되었다. 함께 붙잡힌 임당인, 서여칠 등 6명은 죄의 경중에 따라 처리되었으며, 이어 동학당 18명이 12월 9일에 체포되었는데 거괴 김응문(金應文), 김자문(金子文), 정여삼(鄭汝三), 김여정(金汝正), 장용진(張用辰), 조덕근(趙德根) 등이었다고 한다. 이들은 심문을 받는 도중 고문과 악형으로 사망하였다. 다른 일당 12명은 경중을 참작하여 처리했다고 한다(「전라도각읍소획동도수효급장령성명병록성책」, 『동학란기록(하)』, 규장각문서, 710~712쪽). 이 기록에는 김응문・김자문 형제와 김응문의 아들 김여정이 12월 9일에 붙잡혀 죽은 것으로 되어 있다.

그렇다면 김창구의 동생 영구, 곧 김효문은 어떻게 되었을까. 12월 12일 무안군의 공문에 의하면, 김효문(金孝文)은 배규찬(裵奎瓚), 오덕민(吳德敏), 조광오(趙光五), 김문일(金文日), 박경지(朴京之), 박기운(朴沂雲), 양대숙(梁大叔), 서여칠(徐汝七), 박기년(朴淇年) 등이 함께 잡혔다고 한다. 김자문과 김여정이 같은 날 붙잡혔다는 관변문서의 기록과 김효문이 12일에 붙잡혔다고 되어 있는 기록과 일치한다. 세 형제와 두 부자가 농민전쟁에 가담하여 죽음을 당한 것이다. 또 이 마을에 살던 김성권(金成權)도 고막원 전투에서 일본군에 붙들려 심한 고문을 당하고 풀려 나왔으나 장독에 시달려 길가에서 죽었다고 한다. 같은 마을에

204

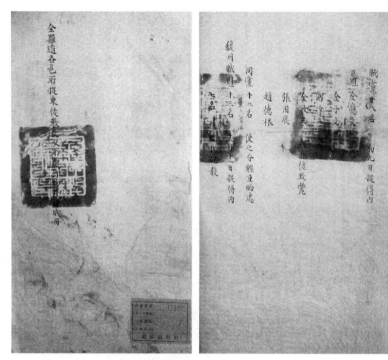

나주 김씨 형제들에 관한 자료(『전라도 각읍소착 동도성책』)

살던 김용길(金用佶) 등도 희생되었다. 모두 부자 형제가 다함께 농민전쟁에 참여하였다가 희생을 당한 경우다. 이 사실이 족보와 관변문서에 나타난 것은 아마 최초의 일이 아닌가 싶다.

그런데 나주 김씨의 족보에는 김창구의 사망연대가 '갑오 12월 8일'로 기록되어 있다. 그의 넷째 아들 우업(禹業)은 그의 사후 43년인 1937년의 가장(家狀)『금성고가(錦城古家)』에 "감환(感患)으로 여러 자식을 버렸다"고 짤막하게 기재되어 있다. 그리고 끝에 "일찍이 뭇 명망을 지고 당세에 쓰였더라면 크게 사업을 베풀었겠으나 운명이 소조하여 오래

先君諱昌九字應文彌茶史行敦寧府都
正吾金系出新羅敬順王之第三子諱湟宥子諱
雲發封羅州君子孫仍賓焉累至至諱得章
拜大將軍諱克淳拜大將軍歷檢校軍器監
諱堯壎兵部尚書至大提學諱堂卿彌月塘

『금성고가(錦城古家)』 가장(家狀)

사시지 못해 경륜과 포부를 백 가지 중에 하나도 펴지 못하셨다. 또 시문도 잘 간수하지 못해 그 가언 탁행을 인몰해 전하지 못하였다"고도 썼다.

한편 무안향교는 1946년 김창구의 부인 노씨의 효행을 기리는 통문(通文)을 내었다. 여기에서는 김창구의 죽음을 두고 "젊은 나이에 불행하게도 붕성(崩城, 성이 무너지듯 함)의 통한을 겪었다"고만 썼다. 이처럼 그의 죽음에 대해서는 추상적인 문구로만 표현되고 그의 시문집마저 전하지 않게 되었다. 그가 죽은 날자는 관변문서와 족보기록 사이에 하루 차이가 난다.

김창구는 모진 고문으로 치폐되었다고 했지만 실제로는 무안관아에서 효수된 것으로 보인다. 당시 일가 사람들이 몰래 시신을 수습하고자 뇌물을 썼는데 다행히 그의 머리는 모셔왔다고 한다. 그리고 남몰래 선영이 있는 월구정(月鉤頂) 둔덕에 애기무덤 같은 작은 무덤을 만들어 투장(偸葬)하였다고 한다. 동생 덕구묘도 똑같이 애기무덤을 만들어 장사지냈는데, 현재도 이 애기무덤은 보존되어 있다.

敬通

右文爲通章事 雖小章僞行 有足以敦世教諭人 理者人孰不艶羨讃誦之 宣出於表異乎 亦不已者乎 况卓犖揆 ...

光州鄉校 僉斯塵下

聖誕二千四百五十年丙戌

務安鄉校 齋長 金種九

掌議 金齋衡
掌議 朴載厚
掌議 高在祚

鄭遇錫

崔炳洪
朴炳九

吳奇岩
丁金鳳

吳炳郁

崔溪祐 等

「통문(通文)」. 김창구의 부인 노씨의 효행을 기리는 내용이 있다.

백 년 정도의 시간이 흐른 후 1992년 후손들이 부인 노씨와 합장해 주기 위해 묘를 파헤쳤는데, 그 애기무덤에 묻힌 옹기 항아리 안의 해골

김창구의 묘와 묘비

이 매우 깨끗하게 그대로 보관되어 있었다고 한다. 어쨌든 이렇게 해서 그의 원혼은 백 년 후이기는 하지만 후손에 의해 부부의 인연을 다시 맺을 수 있었다. 그의 혼이 그동안 외로이 구천을 떠돌았을 것을 생각하니 숙연해진다.

1894년 12월 당시 농민군에 대한 대대적인 색출과 처형은 그야말로 아비규환 상태를 만들어내고 있었다. 당시 농민군에 대한 일본군의 살육만이 아니라 민병이라고 하는 민보군의 행패 역시 극심했다. 나주 삼향면 민병들은 동학도를 잡는다고 열 명, 백 명씩 떼를 지어 연도에 널려 있었다고 할 정도였다(「선봉진각읍료발관급감결」, 『동학난기록(하)』, 329쪽). 이렇게 각지에서 동학농민군에 가담한 자들에 대한 색출이 전개되고 농민전쟁에 연루된 많은 사람들이 처형되었다. 특히 무안에서는 무안읍 교촌리의 정씨 재실강당에서 처단 협의가 많이 이루어졌다고 하는데, 이 때 살생의 가부를 결정하는 방법으로는 사발통문식이 이용되었다. 당시 무안서문 밖과 불무제(佛舞提) 제방에는 농민군 시체를 머리

김덕구의 묘(아래에 보이는 애기무덤)

는 밖으로 사체 다리는 안쪽으로 두어 나락을 쌓듯이 쌓아놓았다고 한
다. 너무나 처참한 정경이어서 그 뒷사람들은 말도 하지 않고 들으려고
도 하지 않고 기억하려고도 하지 않았다(『무안군사』, 1994, 165쪽).

또 다른 증언에 따르면 무안지역 희생자는 무안읍으로부터 남쪽 방향
으로 현재 초당대학 정문 앞 고개인 붉은 고개에서 많이 처형되었다고
한다(청계리 박종연 증언). 이 곳 지명이 당시 고개가 온통 붉은 피로
물들어 붙여진 이름이라는 데서 알 수 있듯이, 사람을 무참히 죽여 나락
가리 치듯 논두렁에 시체를 쌓았다고 한다. 특히 공개처형이라든가 시체
목을 자른다든가, 그리고 입으로 차마 말하기 어려운 잔인한 방법을
사용하여 보는 이로 하여금 전율케 했다는 것이다(「1894년 농민전쟁과
배상옥」, 『문화무안』 4, 무안문화원 부설 향토사연구소, 2004, 186~187

다산리 마을회관 앞 「동학혁명투사현창비」(앞면)

쪽).

농민군들을 마구 처형하는 처참한 광경을 감히 입 밖에도 낼 수 없다고 한 데서도 알 수 있듯이 이는 주민들에게 대단한 공포를 자아냈다. 당시 차뫼마을에 살았던 어느 소녀는 공개처형대에 불려나가 어린 가슴에 섬뜻한 장면을 보고는 놀라서 신발이 벗겨지는 것도 모르고 집으로 냅다 도망쳐 왔다고 한다. 어두운 밤에 밑

둥 잘린 대밭을 지나는지도 모르고 뛰어 집으로 돌아와 보니 온 발바닥에서는 시뻘건 피가 홍건히 터져나왔다고 한다. 대단히 고통스러웠을 텐데 그 고통도 자각하지 못한 채 달렸을 그녀의 공포심을 가히 짐작이나 할 수 있겠는가. 더구나 그런 기억들을 후손에게 감히 전하지도 못하고 이후 수십년이 흘러 노부부가 되어 잠자리에서 소곤거리는 것을 겨우 들었다는 증언도 있다.

3. 무안 석산마을 최씨 3형제

또 3형제가 농민군에 가담했다가 희생된 사례도 있다. 무안군 해제면

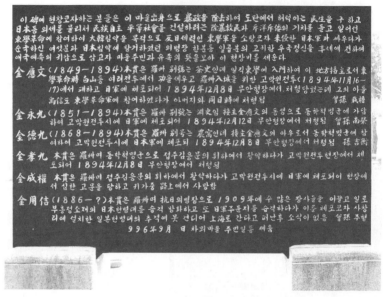

이 碑에 현창코자하는 분들은 이 마을出身으로 暴政을 除去하여 도탄에서 허덕이는 民生을 구 하고
日本등 외세를 물리쳐 民族自主 平等社會를 건설하려는 除暴救民과 斥洋斥倭의 기치를 들고 일어선
東學革命에 참여하여 大韓独立을 목적으로 反日세력인 東學軍을 소탕코자 來侵한 日本軍과 싸우다가
순국하신 여섯분과 日本침략에 항거하였던 의병장 한분등 일곱분의 고귀한 우국정신을 후세에 전파하여
애국애족의 귀감으로 삼고자 마을주민과 유족의 뜻을모아 이 현창비를 세운다

金應文 (1849-1894) 本貫은 羅州며 別號는 茶史인데 일직東學에 入門하여 이 地方指導者로서 東
學革命時 台山등 여러전투에서 功을세우고 羅州入城을 위한 고막원전투 (1894年11月16-
17) 에서 패하고 日軍에 체포되어 1894年12月8日 무안형장에서 처형당했는데 2의 아들
國信도 東學革命軍에 참여하였다가 아버지와 同日時에 처형됨   曾孫 載裕

金永九 (1851-1894) 本貫은 羅州 別號는 湖史임 接主金應文의 동생으로 동학혁명군에 가담
하여 고막원전투시에 日軍에 체로되어 1894年12月12日 무안형장에서 처형됨   曾孫 南榮

金德九 (1868-1894) 本貫은 羅州 別號는 農窩인데 接主金應文의 아우로서 동학혁명군에 참
여하여 고막원전투시에 日本軍에 체포되 1894年12月8日 무안형장에서 처형됨   孫 吉南

金孝九 本貫은 羅州며 동학혁명군으로 접주김응문의 회하에서 활약하다가 고막원전투현장에서 체
포되어 1894年12月8日 무안형장에서 처형됨

金成權 本貫은 羅州며 접주김응문의 회하에서 활약하다가 고막원전투시에 日軍에 체포되어 현장에
서 심한 고문을 당하고 키가동 路上에서 사망함

金用佶 (1886-?) 本貫은 羅州며 抗日의병장으로 1909年에 수 많은 장사들을 이끌고 일로
부흥정소저의 日本헌병대를 습격 합화하고 또 日軍주둔지를 습격하다가 이들체로코자 사창
리에 설치한 일본헌병대의 추격에 못 견디어 上海로 간다고 떠난후 소식이 없음   曾孫 주형
996年9月 日 차의마을 주민일동 세움

다산리 마을회관 앞 「동학혁명투사현창비」(뒷면)

석용리 석산마을에는 농민전쟁 당시 40여 호의 주민이 살고 있었다.
마을은 바닷가에 위치한 어촌으로 부자마을은 아니었던 듯하고, 맞은편
바닷가에는 수군의 주둔지가 자리하고 있었다. 우리에게 증언을 해준
분은 최영봉 씨와 최환암 씨이다.

마을 입구에는 최씨 3형제의 사적을 적은 사적비가 세워져 있다. 세운
연대는 1973년(계축년)이었다. 후손들이 외부의 도움 없이 뒤늦게 직접
경비를 마련하여 세운 사적비였다. 이를 세운 시기에는 동학농민군에
대한 재평가작업 또는 기념사업이 활발하게 전개되지 않을 때로, 후손들
은 그저 조상의 정신을 잊지 않고자 사적비를 세웠던 것이다. 두 후손의
증언과 비문을 통해 그 과정을 정리하면 다음과 같다.

해제면 3의사비

최씨 3형제의 생몰 연대는 족보에 따르면 다음과 같다.

첫째 이름 장현(璋鉉) 생년 무술(1838년) 몰년 정유(1897년)
둘째 이름 선현(善鉉) 생년 임자(1852년) 몰년 정유(1897년)
셋째 이름 기현(奇鉉) 생년 병인(1866년) 몰년 정유(1897년)

장현은 문빈(文彬), 선현은 산영(善泳), 기현은 병현(炳鉉) 등 다른 이름으로 부르기도 하였다 한다. 위의 족보 기록에는 형제간의 나이 차이가 많다. 곧 첫째와 둘째와의 나이 차이는 14세, 셋째와의 나이 차이는 28세이다. 또 농민전쟁 당시 큰형은 56세, 둘째 동생은 42세, 막내 동생

해제면 3의사 족보

은 28세였다는 이야기가 된다. 물론 나이 차이가 이렇게 날 수도 있는 일이기는 하지만, 아무래도 통상적인 가족관계와는 조금 어긋나 보인다.

죽은 연대는 한결같이 1897년 같은 해로 적혀 있다. 다시 말해 농민전쟁후에도 살아 있었다는 말이 된다. 이는 비문의 기록 및 증언과는 차이가 있다. 혹시 의병전쟁 시기에 들어 의병활동을 하다가 죽었을 수도 있으나 역시 여러 정황으로 미루어 사리에 어긋난다. 혹시 족보를 작성하면서 농민군으로 처형되었다는 사실을 은폐하기 위해 고의로 사망 연대를 바꾼 것은 아닐까.

아무튼 증언에 따르면, "삼형제가 한날 한시에 돌아가셨어. 작은 항아시가 접장이었어. 동학으로 몰려 가지고 나주에서 돌아가셨어. 시신은 당시 15세인 큰아버지가 불속에 들어가서 다 감당해 왔지. 한 분은 시체를 못 찾았어. 두 분을 감당하고 나니까 세 번째는 불속에 뛰어들 수가 없어서. 다 불질러 버렸거든……"이라고 하였다.

이 증언에 나오는 큰아버지란 곧 최장현의 아들인 최원식(일명 최영완)을 말한다. 3형제 가운데 둘째인 최선현이 접주가 되어 활동을 하였다는 것이다. 위의 증언은 농민군이 나주에서 처형 당했을 때의 전말을

해제면 농민군 훈련터

알려준다. 이들 3형제는 고향마을에 숨어 있다가 평소 감정이 좋지 않았
던 이웃마을 음양에 사는 홍 아무개의 고자질로 붙잡혔다. 그래서 후손
들은 지금까지도 홍씨와는 혼인도 하지 않고 대화도 하지 않고 지낸다고
한다. 언젠가 홍씨 집안에서 국회의원 입후보자가 나왔는데, 기현의 손
자 되는 분이 "원수놈들 너희들 해줄 줄 아느냐"고 소리치며 다녔다
한다.

　이들 3형제는 집안 재산이 넉넉하지 않았지만, 최장현의 경우는 문장
으로 행세를 하였다고 한다. 증언에 따르면 "그 양반들은 문장이었제.
선생이었지. 해제면에서 한 번 호령하면 면에서 딱 그 양반 말이라 하면
꼼짝도 못하고. 심지어는 혼사도 양반하고 한다고. 저 함평에서 혼사하

고 그랬어. 그 양반 딸들 모두 그렸어"라고 한다. 아마도 글을 익힌 지식인으로서 그들은 모순된 현실에 눈을 떴으리라.

또 양반과는 향권(鄕權)을 놓고 줄다리기를 한 것으로도 보인다. 최씨들은 전통적 양반 신분이라기보다 신향(新鄕) 세력으로 보인다. 행악을 저지르는 양반에 맞서 향권에 도전하였던 것이 아닌가 한다. 이들은 읍에 가서 관가의 부정을 따지기도 하고 기성 양반의 횡포에도 도전하였다 한다. 이런 조건에서 자연스레 농민군에 가담하였을 것으로 보인다.

이들은 농민군에 가담한 뒤 전봉준과도 여러 차례 만났다고 하며 마을 앞 뻘땅(개간을 통해 지금은 논으로 바뀌었다)에서 농민군을 훈련시켰다. 접주인 최선현이 훈련대장이 되고 한 동네에 사는 장 아무개가 훈련을 담당하였다 한다. 그리고 바로 마을 건너편 바닷가에 있는 수군 주둔지를 점령하였다. 이러한 활동은 집강소 기간에 이루어진 것으로 보인다.

이들 증언과 부합되는 기록 하나가 보인다. 함평현감이 이규태에게 보고한 내용 가운데 박준상의 입을 통해 다음과 같은 사실을 알려준다.

> 금년 9월 어느날 이화진에게 도를 받았고 11월 어느날 이화진의 지시로 고부에 사는 부민 황경여의 논 도조를 받아오려 해제면 등지로 나갔다. 그 면의 접주인 최문빈과 인연이 있어서 찾아갔더니 희롱하는 말로 저지하여 받아내지 못하였다. (『순무선봉진등록(6)』)

최문빈이 해제면의 접주였음을 확인시켜 주는 증빙이다. 비문에 따르면 나주 일대의 공방전에 참여하여 활동하였으며 임치진(臨淄鎭)을 점령하였다고도 한다. 이 사실을 풀이해 보면 이러하다. 임치진은 법성포 아래에 있는 수군기지니 서해의 군사 요충지라 하겠다. 또 이 곳에는 서창(西倉)을 두어 많은 양곡을 저장하고 있었다. 이 일대 농민군들은 고막포 전투를 벌이는 도중에 한때 서창을 점령하고 양곡을 가져간 적이 있었다.(위 제2부 2, 나주 관아 공격과 고막포전투 참고). 이로 보면 이들은 고막포 전투에 참여하였던 것으로 보인다.

그러다가 1894년 12월 25일 체포되어 나주로 끌려가 27일 '왜병'에 의해 사형을 당하였다 한다. 이는 여러 정황과 관련 기록으로 미루어 보아 사실로 확인된다. 이 때 어린 최원식이 달려가 시체를 찾아왔던 것이다. 가족들은 도망쳤고 수성군들이 몰려와 마을 집들에 방화를 하였다. 뒤에 타지 않은 집에서는 총개머리판이 발견된 적도 있다 한다.

사적비의 기술 내용과 증언은, 관련 기록과 일부 어긋나기도 하고 부합되기도 한다. 그러나 최씨 3형제의 활동 및 처형 전말과 가족 및 마을의 피해 상황은 충분히 짐작할 수 있겠다.

4. 함평 접주 이화진의 활동

함평도 초기부터 농민군의 활동이 활발하였고 2차 봉기 이후 큰 피해를 입은 곳이다. 특히 고막포 전투가 벌어진 곳이어서 그 피해가 아주 컸다. 하지만 이 일대에서 벌어진 구체적 활동 기록이 전해지지 않아 앞으로 증언과 기록의 수집 정리가 요구된다.

함평에서는 이화삼(李化三, 관변 기록에는 일명 이화진)이 대접주로 활동하였다. 그에게는 많은 일화가 따라다니는데, 쉽게 말해 사료에 이화삼과 관계된 이야기들이 가장 많이 전한다. 하지만 발굴은 아직 덜

된 상태이다.

공주 이씨의 족보에 따르면, 그의 본명은 경진(景鎭)이며 호는 평암
(平菴)이요 화진은 자이다. 생년은 신유생(1861년)이며 몰년은 갑오 12
월 3일로 기록되어 있다. 그의 아버지 재명과 그의 형 언진은 같은 해
12월 4일에 죽은 것으로 되어 있다. 이렇게 보면 그는 이화삼이라는
별명을 쓰면서 33세 때 농민군에 가담하여 활동하였음을 알 수 있다.
더욱이 그의 호 평암은 바로 최시형이 제자들에게 호를 줄 때 '암'을
돌림자로 사용한 사실과 연관이 있는 것으로 보인다.

그는 함평군 손불면 죽장리(『순무선봉진등록』에는 장동)에 살았다.
함평의 대접주로서 사돈 사이인 장경삼(張京三), 장옥삼(張玉三, 이화진
의 매부), 장공삼(張公三) 3형제와 이웃 마을인 손불면 월천리 어전마을
에 사는 임종량(林鐘良)을 끌어들이는 등 주변 사람들을 농민군으로 규
합하였다. 이들은 동갑계원들이었다 한다. 더욱이 함평의 대성인 함평
이씨로 고군산첨사로 있던 이태형(李泰亨)이 농민군을 지원하고 합세한
것으로도 유명하다.

함평의 농민군들은 1차 봉기 시기 손화중, 최경선과 함께 나주 공방전
에 참여한 것으로 나타난다. 이들은 괴치마을을 중심으로 군사훈련을
했다 한다. 장옥삼의 증손자인 장원석 씨의 증언에 따르면 "괴치마을
앞에서 훈련을 했는데 아흔 몇에 돌아가셨습니다만 임춘택 씬가 그 양반
이 말씀을 하세요. 자네 증조부들 삼형제가 이 들에서 훈련을 했다고
해서 지금도 삼정들이라 하네.……그래서 수많은 사람들을 모집해서
사천부락 바로 위 괴치마을 앞의 들녘에서 군사훈련을 했다고 그래요.
아무래도 농민군들이 모였더래도 훈련을 좀 해야 되지 않겠어요. 그렇게

해가지고 삼형제가 훈련을 시키고 규합하고 그랬어. 집에서 가산을 털어 먹고. 그러고 수천 명을 데리고 나가서 고막천에서 훌륭한 전쟁을 했고……"라고 하였다.

또 이들은 공주전투에도 참여하였다가 후퇴한 것으로 보인다. 그런 뒤 다시 나주공방전을 벌였고 일부 함평 농민군은 고막원 전투에도 동조하였다. 고막전투에 참여한 함평 농민군으로는 김경옥(金京玉), 이춘익(李春益), 이재민(李在民), 이곤진(李坤辰), 김성필(金成必), 김인오(金仁五), 김성오(金成五), 김성서(金成西), 노덕팔(魯德八) 등의 이름이 보인다.

이화삼은 물론 이 일련의 전투에서 함평 대접주로 활동하였다. 그가 사망하였다는 12월 3일은 나주 공방전 시기이다. 그는 붙잡혀서 즉결처분되었다는 기록이 전해지는데, 이는 관변측 기록과 다소 차이가 있다. 즉 그는 12월 5일 부하 9명과 함께 당장 포살되었으며 그 다음날 또 김경선 등 5명이 포살되었다고 하였다. 그의 아버지와 형이 그가 죽은 다음날 피살된 내력에 대해서는 잘 알려져 있지 않다. 하지만 여러 사람들을 죽일 때 가족도 함께 처형당하였을 것이라는 정황 증거가 포착되고 있다.

그의 아들 영복(永福, 당시 17세)은 용케도 집단학살에 들지 않고 살아남아 가계를 이었다. 이화삼의 시신은 찾지를 못해 뒤에 가묘를 앞산인 내당산에 만들고 후손들이 받들었다 한다.

토벌군들은 이화삼의 처소에 들이닥쳐 수색을 하였는데 그 때 그의 처소에서 홍패 백패와 함께 임금이 내린 전교, 암행어사가 쓰는 마패와 어사화 등을 발견하고 압수하였다. 이들 물건에 대해 관변문서는 한결같이 '위조'라고 표시해 두었는데, 거짓 왕명을 빙자한 것인지, 그 표시대로 진짜 위조한 것인지, 또는 고종에게서 비밀스럽게 받아 임무를 수행한 것인지는 정확히 확인할 수 없다. 아마도 암행어사의 직함을 이용하여 군수품 등을 징발하거나 왕명의 위세를 빌린 것이 아닌가 한다.

장씨 두 형제는 이화삼의 경우와는 다르게 뒷날 죽임을 당한 것으로 보인다. 장씨 후손들은, 경삼의 제사를 12월 9일에 지내지만 아래 두 동생의 사망일은 다음 해 2월 17일로 잡아서 지낸다. 장원식 씨는 "전부 함평군에서 옥사를 했지요"라고 증언한다. 그렇다면 두 형제는 나주로 끌려가지 않고 함평 수성군에게 붙잡혀 고문을 당하다 죽은 것으로 보인다.

또 위 임종량은 농민전쟁이 끝날 무렵 바닷가인 영광군 염산면 먹골리로 몸을 피하였다. 이 마을에서 배를 타고 충청도 서천 방면으로 피신을 하였으며(증손 임헌섭씨의 증언) 그 뒤 북접 지도자인 김연국을 만나 계룡산 등지에서 동학의 재건에 힘을 쏟았다고 한다(위 장씨 형제와 임종량 관련 증언은 동학농민군 후손증언록 『다시 피는 녹두꽃』 참고).

5. 무안의 몇 가지 사례

다음 무안지방에서 기록에 나타나지 않은 몇 가지 사례를 증언을 통해 알아보기로 한다. 현지에서 수집한 증언은 서로 상충되는 부분이 있으므로 유의할 필요가 있다.

첫째 배상옥 방손 배태우의 증언

청천리 달성배씨 집성촌 전경

(배태우 : 무안군 청계면 청천리 거주, 나이 83세)

배태우의 증조할아버지는 배학현인데 이름난 선비였다. 배학현은 농민전쟁에는 참여하지 않았으나 그의 아들 배찬원이 참여하였다 한다. 그는 다음과 같은 중요한 이야기를 들려주었다.

말근내(청천리)에 강당이 있어. 지금도 강당 자리가 남아 있어. 청천재라고 지금도 간판이 있어. 모두 모여 놓고 거기서 일어나자고 한겨여, 배상옥 장군이. 은거지는 어디냐 하면 해제, 무안 해제면이여. 지금도 거기서 노래가 전해지고 있어. 상옥아, 상옥아, 배상옥아, 백만대병 어디다 두고 숙곳대 밑에서 잠을 자냐? 그랬거든. 누가 죽였냐 하면 해남 윤씨가 죽였어. 그게 역사에 나왔을겨.

이 증언에서 배상옥이 청천리 청천재에서 봉기를 선동하였다는 것, 뒤에 몸을 숨긴 곳은 해제면의 어느 마을이라는 것, 해남 윤씨가 죽였다는 것 등은 새로운 이야기일 것이다. 더욱이 배상옥을 안타까워한 민중의 노래가 있었음을 알 수 있다. 단 윤구룡이 그를 붙잡아 경군에게 넘긴 사실을 윤씨네가 죽인 것으로 이야기하고 있다. 또 청천리에서 교육을 시키고 해제면에 본거지를 두고 활동을 하였다고 말하였다.

그는 자신의 증조할아버지는 호가 백암이고 명망 있는 학자로서 서당을 열었다 한다. 그러나 나이도 들고 해서 농민군에는 참여하지 않았다. 하지만 그의 할아버지는 달랐다. 즉 "우리 할아버지도 참여했어. 그 때 같은 형제간이라도 어울리지 않아. 6·25 때 좌우익하고 똑같았어."라고 하며 이어 다음과 같은 사실을 알려주었다.

동학난 때 잡힌 사람들이 청계면 대곡마을 뒷산에다가 굴을 파놓고 거기로 들어가라고 해서 차근차근 묻는디 다리 위에 올라오니께 사람들이 죽여버린겨 …… 그 선생님이 자손들을 다 살려낸겨. 붙들렸어도 살려냈던 거여. 지금도 말 안 듣고 인사에 신경 안 쓰고 그러면 당신들이 누구 덕분에 총살 안 당하고 살았디 하면서 야단치는 소리를 어른들한테 들었어

명망이 높았던 배학현이 많은 집안 사람들을 살렸다고 이야기인데, 그러나 많은 사람들은 대곡마을 뒷산에서 생매장을 당하였다고 한다.

둘째 배상옥 방손 배상섭 배영찬의 증언
(배상섭·배영찬 : 무안군 청계면 청천리 거주, 배상섭 나이 76세, 배영찬

나이 70세)

배상섭 씨는 청천리 접주로 알려진 배정기(裵楨基, 1862~1941)의 손자이고, 배영찬 씨는 방손이다. 배정기는 청천리에 있는 자신의 집 사랑채에 서당을 열었으며 위에서 말한 배태우를 비롯해 많은 사람들이 이 서당에서 글을 배웠다고 한다. 배정기는 머슴을 두 명이나 둘 정도로 살림이 넉넉하여 주변 길손들이 찾아와 사랑채에서 밥을 얻어먹고 잠을 잤다고 한다.

농민전쟁 당시에는 이 집에 집강소를 두었다 한다(현재 기와집이었던 이 집은 초가로 개조되었다). 사랑채 옆에 있던 수백년 묵은 감나무에서는 아직도 감이 주렁주렁 열리고 있다. 두 증인의 이야기는 약간씩 차이가 있다. 예컨대 배영찬 씨는 "배정기 씨 막내동생의 이름을 확인할 수 없지만 관군에 체포되어 사형 당하였다는 말을 들었다. 당시 나이는 17세 정도였다고 한다"라고 말하고 있다. 그는 또 다음과 같이 말하고 있다.

예전 할머니들이 막내동생이 몽탄리 화산리 여자와 결혼을 했는디 남편이 처형 당하자 고개를 넘어와 울면서 말하기를, "나는 배 씨와 결혼은 했지만 나는 처녀요. 나는 초야도 치르지 않았소"라고 말하고 닭이 우니까 고개를 넘어서 다시 돌아갔다는 이야기를 들었다.

배상섭 씨의 증언은 이러하다. 배정기는 접주로 활동하였는데 늘 백마를 타고 다녔고 어느 때에는 여자로 위장해서 다니기도 하였다. 그런데 동생인 배달기(裵達基)가 농민전쟁에 적극 가담했다고 한다. 배상섭 씨는 할아버지인 배정기로부터 직접 "동생이 관군에게 사살되었다"는 말을 들었다고 한다. 또 할머니(배정기의 아내)에게서 들은 말을 다음과 같이 전해주었다.

내가 큰방에서 풀을 많이 한 치마를 펑펑하게 입고서는 앉아 있었는데 치마 밑에 숨어서 살았다.

토벌대들이 그 마을에 왔을 때 처음에는 살아남았지만 뒤에 다시 체포되어 죽었다 한다. 또 동생은 형인 배정기를 대신해서 잡혔다고도 한다. 두 사람과는 다른 증언도 있다. 박종연의 조상이 청천리에 살았는데, 청천리 배정기에게 한문을 배운 사람에게서 다음과 같은 이야기를 들었다고 한다.

청천리 접주로 참여한 분이 한 명 있는데 형제가 생긴 것이 똑같았다. 그 형이 도망치자 당시 17세 된 동생이 도망치지 않았다 한다. 그런데 당시 관군이 들이닥쳐 그 동생을 잡아가려 하자 자신은 가담치 않았다고 항변했으나 어자피 너는 역적의 동생이 아니냐면서 체포되어 사형당하고 형은 살아남았다고 한다.

그 형이 배정기였다 하면서 동생 이름은 듣지 못하였다 한다. 그런데 족보에는 동생의 이름이 보이지 않아, 추정컨대 동생 배달기는 배정규(裵正圭)가 아닌가 추정하고 있다. 하지만 돌림자인 정(楨)가 정(正)자로 다르게 나타난다. 한편 배영찬 씨는 "17세에 처형된 달기는 형 정기의 봉서(封書, 편지)를 전달했다는 말을 들었다"고 한다.

『전라도소착소획동도성책』에는 무안에서 배정규를 잡아 즉결처분하

子炳黙
初諱炳憲字乃兼號
湖隱
憲宗戊戌生氣宇寬弘
言行愼重以禮律身
不求名利丁内外艱
一遵禮制乙未三月
二十六日卒
贈嘉善大夫工曹參議
墓葬于可坐泉谷越
嶝午坐敬菴朴琳相
撰行狀
配貞夫人靈城丁氏處
達女己亥生忌丙辰
十一月十九日墓可
坐後燈掛燈午坐

子槇基
字鎬京號農庵
哲宗壬戌十二月二十
八日生童敎官禀
資魁偉聰慧過人早
業功令累試累屈絕
意榮途心究學造
詣高踐履多悟人
所未解鄉中子弟之
從學者衆天性孝事
親瑪力兄第三友
愛湛畬乙亥三月日
往平山謁太師祠
敬慕詩四律曰平山
太白厥群山自太古
水太古顏祠儼星霜
千載後額華日月雨
朝間四門臺哗松陰
黟百尺城頭石鞏班
拱手感傷先世蹟禮
成江上夕陽還辛巳
二月十四日卒可
坐後燈掛燈先妣基

子錫球
字淵彩號竹軒辛卯
正月七日生形貌端
正性度剛直在鄉業
而醫洞約在宗族而
立門規後人皆甚高
于清川琢亭彼里洞
墓清溪司馬虎峙移
壬午正月三日卒
上甲坐
配文化柳氏通德郞
寅

子聖
字宗秀
五月初
十二月
清川上
坐
室務安朴
女壬子
十一月

子道
字宗淵號
一九一四
四日生
一九一一
室羅州李氏
初五日生
卯

旭女辛卯正月二十
四日生忌戊子九月
二十三日墓乾位雙
墳

配淑人錦城丁氏大墻
女己未生忌壬午正
月十三日墓虎峙寅
坐

달성배씨 배정기의 족보

였다고 기록되어 있는데, 여러 증언과 정황으로 미루어 같은 인물로
추정된다.

셋째 박윤구의 족질 박종연의 증언

(무안군 청계면에서 사법서사 종사, 나이 78세)

　박종연 씨의 조상은 청천리에 살았다. 그의 고조의 이름은 재진(在鎭)
인데 막내아들 곧 박종연 씨의 종중조부인 종건(宗建)이 농민군에 가담
하였다. 당시 무안읍과 성남리 사이에 있던 붉은 잔등이 사형터였다고

한다. 막내할아버지는 사형당한 뒤 시체를 찾지 못하였다. 그리하여 청천리 낙산 424번지에 가묘를 만들고 묘지명을 만들어 묻었다는 말을 들었다. 박종건의 가묘는 외로이 떨어져 있었다.

2002년 박종연이 중심이 되어 초혼장(招魂葬)을 하고 가묘에서 멀리 떨어지지 않은 낙산의 부모형제가 나란히 묻힌 곳으로 이장하였다. 박종연은 자손 없는 그의 무덤이 서러워 보여 해마다 벌초를 해주며 돌보고 있다고 한다. 이장할 때 가묘에서 묘지명과 함께 줄을 세워 깔아둔 토기와 7장이 발견되었다. 이 유물은 그대로 이장한 새 묘에 묻었다 한다.

박종연 씨는 또한 자신이 25세 무렵까지 박윤구를 자주 만났다고 한다. 당시 박윤구는 일본군의 총을 맞은 후유증으로 말을 제대로 못하였다 한다. 그는 청천리 집강소에서 화약제조기술자(화약수)로 활동하였다.

박종연 씨의 말에 따르면, 당시 화약제조소가 청천리에 있었고 박윤구는 화약 만드는 일에 종사하였다. 제조방법은, 쑥을 말려서 가루로 만들고 유리 대신 토기(사기인 듯)를 깨어 가루로 만든 후 쑥과 섞어서 대나무 통에 넣어 사용하였다. 즉 가루를 왕대 매듭에 쟁여 함봉하고서 심지를 밖으로 낸 후 이 심지에 불을 붙여 사용하였다.

6. 농민군의 수색과 처형

앞에서 농민군의 피해 또는 살육의 실상을 언급하였으나 다시 한 번 그 대목을 짚어보기로 한다. 먼저 사료에 기재된 관련 사실을 간단히 정리하기로 한다.

최후의 시기에 일본군·관군·수성군으로 구성된 연합토벌대는 잔여 농민군을 색출하고 농민군의 무기와 물자를 빼앗았다. 나아가 농민군의 마을을 방화하고 약탈하였으며 논·밭·집 등의 재산을 빼앗기도 하였다.

12월 초순 관군과 민병들이 농민군으로부터 빼앗은 물건의 목록을 보면, 대완포·화약·조총·환도·활·화살 등의 무기류를 비롯하여 깃발·염주·화로도 포함되어 있다.

12월 8일에는 무안의 배정규(裵正圭, 위에서 설명한 인물), 박순서(朴順西) 등이 즉결처분되고 다음 날 18명이 붙잡혔는데 그 중에서 '거괴'라 불리는 김응문(金應文), 김자문(金子文), 정여삼(鄭汝三), 김여정(金汝正), 장용진(張用辰), 조덕근(趙德根) 등이 고문을 받다가 모진 매를 이기지 못해 죽음에 이르게 되었다(『전라도소착소획동도성책』).

한편 이규태가 12월 12일 무안현에 보낸 감결(甘結, 하급 관청에 보내는 공문)에 따르면 통위영군이 배규찬(裵奎讚), 오덕민(吳德敏), 조광오(趙光五), 김문일(金文日), 박경지(朴京之), 박기운(朴沂雲), 김효문(金孝文), 양대숙(梁大叔), 서여칠(徐汝七), 박기년(朴淇年) 등 10명을 잡았다고 통고하였다(『선봉진각읍요발관급감결』). 이 즉결처분은 총살형을 뜻하는 포살(砲殺)로 불렸으며, 포살한 뒤에는 대부분 해남 우수영 또는 수성소나 일본군 주둔 군영 앞에 효수해서 머리를 걸어놓았다. 또 『천도교회사초 고』에는 무안의 농민군 지도자로서 배상옥을 비롯해 송관호(宋寬浩), 노영학(魯榮學) 등 15명을 들고 있다.

해남지역의 농민군 지도자로는 김도일(金道一), 김춘두(金春斗), 김병태(金炳泰)를 비롯하여 김신영(金信榮), 백장안(白長安), 전유회(全由

농민군 처형장(전라우수영)

禧), 윤주헌(尹周憲), 김형(金炯), 박인생(朴仁生), 김순오(金順五), 박익현(朴益賢), 이은좌(李銀佐), 김숙국(金叔國), 박헌철(朴憲徹), 김춘인(金春仁), 장극서(張克瑞), 이중호(李重鎬), 임제환(林濟煥), 최원규(崔元圭), 윤규룡(尹奎龍), 강준호(姜準浩), 박창회(朴昌會), 김동열(金東說), 정채호(鄭采鎬), 강서옥(姜瑞玉), 강점암(姜点岩), 성신인(成臣仁), 남처성(南處成) 등이 나타난다.

진도의 지도자로는 김광윤(金光允), 나치현(羅致炫), 나봉익(羅奉益), 양순달(梁順達), 허영재(許暎才), 김수종(金秀宗), 손행권(孫行權), 박중진(朴仲辰), 김중야(金仲也), 이방현(李方鉉), 김윤선(金允善), 주영백(朱永白), 김대욱(金大旭), 서기택(徐奇宅) 등이 나타난다.

영암의 지도자로는 주성빈(朱成彬), 강군오(姜君五), 김순구(金順凡), 정용건(鄭用建) 등 여러 명이 나타난다. 영암은 강진과 해남 무안의 중간 지대였다.

위에서 제시한 농민군 지도자들이 잡혀서 모두 죽었는지는 분명하게 알 수는 없으나 체포될 경우 대부분 처형되었다. 따라서 위의 초기 동학에 관련된 인사들은 모두 죽었다고 단언할 수는 없으나 생존자 숫자는 극히 일부에 지나지 않았을 것이다.

어쨌든 이 지역의 많은 농민군과 농민군 지도자들은 앞서 언급한 대로 섬으로 몸을 숨겼다. 이규태가 이끈 경군은 12월 17일 우수영에 주둔하고 나서 일본군에게 공문을 보내 도망한 농민군에 대한 공동토벌을 제의하였다. 이규태의 공문을 보자.

현재의 수사가 방략을 짜내서 그들을 귀화시키고 다시 수성군을 설치하여 지금까지 보호하고 있지만 해남, 무안 등지의 비도들이 함락시킬 의사가 있어서 지금 급박함에 처해 있습니다. 우리 선봉진 군사들이 이럴 때에 이 곳에 이르러 비록 토벌의 거동은 없었으나 인심이 안도하고 있습니다. 그런데 몇 명의 거괴가 섬으로 도망쳤으나 별반 움직임이 없습니다. 이 섬은 해남에서 70리쯤 떨어져 있습니다. 연달아 동정을 살펴보았더니 진을 치고 모인 무리는 없습니다만 무안의 비도 수괴와 서로 연결하던 자들입니다. (『일본사관함등』)

그리고 섬의 적을 토벌하지 않으면 연해의 여러 고을이 피해를 입을 것이니, 일본군과 경군이 함께 토벌에 나서자고 간곡하게 제의하였다. 이렇게 해서 여러 섬을 수색하여 숨은 농민군을 잡는 데 열을 올렸고,

마지막으로는 수성군이 휘젓고 다니면서 살육을 저질렀다.

　살육한 숫자는 정확한 기록이 남아 있지 않아 통계를 잡을 수 없다. 표영삼은 "동학군 학살은 1895년 봄까지 계속되었으므로 무안, 해남, 진도 지역에서 학살된 동학군 수는 수천 명에 이를 것이다"(「전라도 서남부지역 혁명운동」, 『교사교리연구』 8)고 하였는데 이는 사료에 나타난 숫자를 토대로 한 것이다. 육지와 섬을 가릴 것 없이 서남부 지역의 농민군 희생자 수만 증언과 사료를 통해 추정해 보면 5만여 명 이상으로 볼 수 있다. 얼마나 피해가 컸는지 상상하고도 남음이 있다.

제5부 부 록

1. 호남 서남부 농민전쟁 일지

		일 반	서남부 지역 동향
1849			무안 농민군 지도자 김창구 출생(字 應文)
1851			무안 농민군 지도자 김영구 출생(字 孝文)
1860		동학창도	
1861			함평 농민군지도자 이화진 출생
1862		임술 민란(80여 개 군현)	
	4월		함평 정한순을 비롯하여 인근 14개 향촌민 함평관아 공격(5. 10까지 읍권 장악)
	5. 26	정부, 임술 민란의 원인을 삼정문란으로 보고 삼정이 정청 설치	
1863	11월	최제우 체포	.
1864	3. 2	최제우 대구에서 사형	
1866	8월	제너럴셔먼호 사건	
		병인양요	
1871		신미양요	
		이필제의 난	

1875		운양호 사건	
1876		강화도 조약(개항)	
1880	5월	『동경대전』 간행	
1881	6월	『용담유사』 간행	
1882	6. 9	임오군란 발생	
	7. 17	제물포조약 체결	
1884	3월	전라도 완도 가리포 민란 발생	
	10. 17	갑신정변 발생	
1886	1. 2	노비 세습제 폐지 및 매매 금지	
1889	9. 17	전라도 광양 민란 발생	
1892	7. 17		무안 김의환 동학 입도
	11. 7		무안 이병경 동학 입도
1892	12. 1	동학교도 삼례집회 개최(1차 교조신원운동)	무안, 해남, 진도 지역으로 동학 전파
1893	2. 11	동학교도, 복합상소	무안 배규찬 등 복합상소운동에 참여
	2월	2차 삼례 집회 개최	서남부지역 동학교도 삼례집회 참여
	3. 10	동학교도, 보은집회 개최	무안, 나주, 영암지역 동학교도 260여 명 보은집회 참여
	12	전봉준, 군수 조병갑에게 만석보 수세 감면 등 학정 시정 요구	
1894	1. 10	고부민란 발생	
	2. 22	김옥균 암살	

3. 15		무안 배상옥(배규인), 해남 김춘두 등 측근들과 무장의 동학농민군과 합세
3. 16	동학농민군, 무장 집결	
3. 20	동학농민군 1차 봉기(무장 기포)	무안, 영광, 영암, 나주, 해남, 장흥, 강진 등 서남부지역 동학농민군 무장기포 참여
3. 25	동학농민군 백산 대회 개최	무안 배상옥, 김응문 삼형제 등 무안지역 동학농민군 백산대회 참여
4. 6	동학농민군, 황토현 전투 승리	
4. 8	동학농민군, 고창관아 공격	
4. 9	동학농민군, 무장 관아 공격 후 3일 동안 주둔(1만여 명으로 세가 불어남)	
4. 11		나주지역 동학농민군 27명 체포됨
4. 12	동학농민군 1만여 명 영광 주둔	
4. 16	영광 주둔 동학농민군, 초토사에게 통문을 보낸 후 함평 관아 점령	
4. 18	동학농민군, 나주공형에게 통문을 보냄	배상옥 주도 동학농민군, 무안 삼내면 주둔 후 함평으로 떠남
4. 19	동학농민군, 함평 재집결 후 장성으로 향함	
4. 23	동학농민군, 장성 황룡촌 전투 승리	

	4. 25	동학농민군, 원평에서 국왕의 효유문을 가지고 온 이효응과 배은환을 살해	
	4. 27	동학농민군, 전주성 점령	
	4. 30	정부, 청에 원군 요청	
	5. 5	청의 섭사성 부대 아산만 상륙	
	5. 8	전주 화약	
	5. 9	일본 혼성여단, 인천항 상륙	무안지역 농민군, 악덕 지주 및 탐관오리 공격
	5. 28		장성지역 농민군, 포수와 보부상 공격
	5월	동학농민군, 집강소 설치	무안 청천리에 집강소 설치
			무안 배상옥, 목포진 공격
	6. 4		위도지역 농민군, 일본 미곡상 공격
	6. 17		해남지역 농민군 집강소 설치
	6. 21	일본군, 경복궁 침략	
	6. 23	청일전쟁 발생(풍도해전 개시)	
	6. 25	갑오개혁 실시(군국기무처 설치)	
	7. 5	최경선 주도 농민군, 나주성 공격 실패	
	9. 8	동학농민군, 2차 봉기(삼례 집결)	무안 배상옥, 김응문 삼형제 등 2000여 명의 동학농민군을 거느리고 삼례 집결

	9. 18	동학농민군, 남북접 연합봉기 선언	
		일본과 정부, 농민군 진압 결정 협의	
	9. 21	양호순무영 설치	
	10. 9	동학농민군, 남북접 연합 논산 집결	
	10. 15	일본군 용산 출발 남하	
	10. 21	대원군 정계 은퇴 발표	
	11. 8	동학농민군, 공주 우금치 전투 패배	
	11. 13	김개남, 청주성 공격	
	11. 17		함평, 무안지역 농민군 나주 고막원 일대 집결
	11. 18		함평, 무안지역 농민군, 나주 수성군과 공방전 전개
	11. 21		나주 수성군, 고막원 일대 농민군 공격
	12. 1	손화중, 농민군 해산 최경선, 김개남 체포	경군과 일본군 나주지역 주둔
	12. 2	전봉준, 전라도 순창에서 체포	
	12. 3		함평 대접주 이화삼 나주 공방전에서 체포되어 처형됨
	12. 5		장흥 동학농민군, 장흥관아 점령

	12. 7	장흥 동학농민군, 강진현 점령
	12. 8	무안지역 동학접주 배정규, 박순서 등 체포되어 처형
	12. 9	김응문, 동생 김자문, 아들 김여정과 함께 체포되어 처형됨
	12. 11 손화중 체포	
	12. 12	김효문, 무안 동학농민군과 함께 체포되어 처형됨
	12. 15	장흥 동학농민군, 장흥 석대 등지에서 일본군과 전투
	12월 중순	경군, 목포에 진주하여 동학농민군 토벌
	12. 24	배상옥 해남 은소면에서 체포되어 처형
	12. 27	무안 해제면 접주 최문빈 3형제 체포되어 처형됨
1895	3. 29 전봉준, 처형	

2. 무장포고문

　세상에서 사람을 귀하게 여김은 인륜(人倫)이 있기 때문이다. 군신부
자(君臣父子)는 인륜의 가장 큰 것이라. 임금이 어질고 신하가 곧으며
아비가 사랑하고 자식이 효도한 후에야 비로소 집과 나라를 이루어 능히
무궁한 복을 누리게 되는 것이다. 지금 우리 임금께서는 인효자애하고
신명성예하시니 현명하고 어질며 정직한 신하가 보좌하여 정치를 돕는
다면, 요순의 교화와 문경의 정치를 가히 해를 보는 것처럼 바랄 수
있을 것이다.

　그런데 지금의 신하 된 자들은 나라에 보답할 것은 생각하지 않고
한갓 봉록과 지위만을 도둑질해 차지하고 임금의 총명을 가리고 아첨과
아양을 부려 충성 된 선비의 간언을 요망한 말이라 하고 정직한 신하를
일러 비도(匪徒)라 하니, 안으로는 나라를 돕는 인재가 없고 밖으로는
백성에게 사납게 구는 관리가 많아서 백성들의 마음이 날로 더욱 나쁘게
변해 가고 있다. 안으로는 삶에 즐거움이 없고 밖으로는 보호할 방책이
없다. 학정은 날로 커 가 원성이 그치지 아니하여 군신의 의리와 부자의
윤리와 상하의 분수가 드디어 무너져 하나도 남지 않았다.

　관자(管子)가 이르기를, "예의염치(禮義廉恥)가 펴지지 못하면 나라
가 곧 멸망한다" 했는데, 지금의 형세는 옛날보다도 더 심하다. 공경(公
卿) 이하로 방백 수령에 이르기까지 국가의 위태로움은 생각지 않고
한갓 자기 몸을 살찌우고 제 집을 윤택하게 하는 것만 생각하여, 사람을

238

뽑아 쓰는 곳을 재물이 생기는 길로 보고 과거 보는 곳을 교역하는 저잣거리로 만들었다. 허다한 뇌물은 나라의 창고에 넣지 않고 도리어 사사로이 저장하였다. 나라에는 쌓인 빚이 있는데도 이를 갚을 생각은 하지 않고 교만하고 사치하고 음란하게 놀면서 두려워하거나 꺼려하는 바가 없으니 온 나라가 어륙이 되고 만민이 도탄에 빠졌다. 수령들이 재물을 탐하고 사납게 구는 것이 까닭이 있는 것이니, 어찌 백성이 궁하고 또 곤하지 않을 수가 있겠는가. 백성은 나라의 근본이라, 근본이 깎이면 나라가 쇠잔해지는 것이다. 보국안민의 방책은 생각하지 않고 밖에 향제를 세우고 오직 혼자만 온전 하려는 방책에 힘쓰면서 녹봉과 지위만 도둑질하고 있으니, 어찌 옳은 이치이겠는가.

우리들은 비록 초야에 버려진 백성이나 임금의 땅에서 나는 음식을 먹고 임금이 주신 옷을 입고 있으니, 가히 앉아서 나라의 위태로움을 보고만 있을 수 없어, 온 나라가 마음을 같이 하고 억조창생이 머리를 맞대고 의논하여 이제 의기를 들어 보국안민으로써 죽고 사는 맹세를 하노니, 오늘의 광경은 비록 놀라운 일이나 절대로 두려워하거나 움직이지 말고 각자 그 생업에 편안하여 함께 승평한 일월을 빌고 모두 성상의 덕화를 바랐으면 천만 다행이겠노라.

출전 |「聚語」,『동학난기록(上)』, 142~143쪽 ;「東匪討錄」,『한국학보』 3, 235쪽